U0730402

教育系统学习型党组织建设参考读本

重大教育政策要点 2016

中国教育科学研究院 编

教育科学出版社

·北京·

目 录

CONTENTS

编写说明

1. 《重大教育政策要点 2016》是 2010—2015 年的续编。

2. 此次编辑的一级标题共分为十二个类别，与 2015 年的十一个类别相比，减少了教育督导、语言文字类别，增加了民族教育、民办教育、教育法治类别，共设有综合政策、基础教育、职业教育与继续教育、高等教育、民族教育、民办教育、教育法治、体育卫生艺术、招生考试、教师队伍、教育经费、其他等十二个部分的内容。

3. 为了保证所摘编的政策要点的完整性，编者在部分条目中用括注的形式增加了说明性的文字，以便于读者理解。编者所添加的文字，都在具体的条目中用脚注的形式加以注明。

一、综合政策

把爱国主义教育作为弘扬爱国主义精神的永恒主题，贯穿国民教育全过程。

坚持爱国主义与社会主义相统一，加强中国特色社会主义和中国梦的教育宣传。

维护祖国统一和民族团结，增强青少年学生的国家认同。

尊重和传承中华民族历史和文化，加强中华优秀传统文化教育。

坚持立足民族又面向世界，增强人类命运共同体意识。

——以上见《中共教育部党组关于教育系统深入开展爱国主义教育的实施意见》（教党〔2016〕4号），2016年1月19日

直属事业单位领导人员管理坚持以下原则：（一）党管干部原则；（二）德才兼备、以德为先原则；（三）注重实绩、群众公认原则；（四）分类管理原则；（五）依法依规办事原则。

选拔任用直属事业单位行政领导人员，主要采取组织选拔的方式。因单位特点和岗位特殊需要，也可以采取竞争

（聘）上岗、公开选拔（聘）等方式。对于专业性较强的直属事业单位，根据需要逐步探索委托相关机构遴选候选人等方式。

直属事业单位领导人员在同一职位连续任职满两届的，应当交流，任满十年必须交流；副职在同一职位任满一届，续任时一般应当调整分工。纪委书记应当交流任职。同一单位的正副职领导人员原则上不同时交流。领导人员在岗位工作一般应当任满一届方可交流。同一干部不宜频繁交流。

——以上见《中共教育部党组关于印发〈教育部直属事业单位领导人员管理暂行办法〉的通知》（教党〔2016〕9 号），2016 年 2 月 26 日按照中央要求，教育部党组对直属高校、直属单位等党组织开展巡视。对巡视对象每五年至少巡视一次，实现巡视全覆盖。

——《中共教育部党组关于印发〈中共教育部党组贯彻《中国共产党巡视工作条例》实施办法〉的通知》（教党〔2016〕12号），2016年3月14日

第五十九章　推进教育现代化

全面贯彻党的教育方针，坚持教育优先发展，加快完善现代教育体系，全面提高教育质量，促进教育公平，培养德智体美全面发展的社会主义建设者和接班人。

第一节　加快基本公共教育均衡发展

建立城乡统一、重在农村的义务教育经费保障机制，加大公共教育投入向中西部和民族边远贫困地区的倾斜力度。科学推进城乡义务教育公办学校标准化建设，改善薄弱学校和寄宿制学校办学条件，优化教育布局，努力消除城镇学校"大班额"，基本实现县域校际资源均衡配置，义务教育巩固率提高到95%。加强教师队伍特别是乡村教师队伍建设，落实乡村教师支持计划，通过政府购买岗位等方式，解决结构性、阶段性、区域性教师短缺问题。改善乡村教学环境。鼓励普惠性幼儿园发展，加强农村普惠性学前教育，实施学前教育三年行动计划，学前三年毛入园率提高到 85%。普及高中阶段教育，率先从建档立卡的家庭经济困难学生实施普通高中免除学杂费，高中阶段教育毛入学率达到 90% 以上。提升残疾人群特殊教育普及水平、条件保障和教育质量。积极推进民族教育发展，科学稳妥推行双语教育，加大双语教师培训力度。

第二节　推进职业教育产教融合

完善现代职业教育体系，加强职业教育基础能力建设。推动具备条件的普通本科高校向应用型转变。推行产教融合、校企合作的应用型人才和技术技能人才培养模式，促进职业学校教师和企业技术人才双向交流。推动专业设置、课程内容、教学方式与生产实践对接。促进职业教育与普通教育双向互认、纵向流动。逐步分类推进中等职业教育免除学杂费，实行国家基本职业培训包制度。

第三节　提升大学创新人才培养能力

推进现代大学制度建设，完善学校内部治理结构。建设一流师资队伍，用新理论、新知识、新技术更新教学内容。完善高等教育质量保障体系。推进高等教育分类管理和高等学校综合改革，优化学科专业布局，改革人才培养机制，实行学术人才和应用人才分类、通识教育和专业教育相结合的培养制度，强化实践教学，着力培养学生创意创新创业能力。深入实施中西部高等教育振兴计划，扩大重点高校对中西部和农村地区招生规模。全面提高高校创新能力，统筹推进世界一流大学和一流学科建设。

第四节　加快学习型社会建设

大力发展继续教育，构建惠及全民的终身教育培训体系。推动各类学习资源开放共享，办好开放大学，发展在线教育和远程教育，整合各类数字教育资源向全社会提供服务。建立个人学习账号和学分累计制度，畅通继续教育、终身学习通道，制定国家资历框架，推进非学历教育学习成果、职业技能等级学分转换互认。发展老年教育。

第五节　增强教育改革发展活力

深化教育改革，增强学生社会责任感、法治意识、创新精神、实践能力，全面加强体育卫生、心理健康、艺术审美教育，培养创新兴趣和科学素养。深化考试招生制度和教育教学改革。推行初高中学业水平考试和综合素质评价。全面推开中小学教师职称制度改革，改善教师待遇。推动现代信息技术与教育教学深度融合。依法保障教育投入。实行管办评分离，扩大学校办学自主权，完善教育督导，加强社会监督。建立分类管理、差异化扶持的政策体系，鼓励社会力量和民间资本提供多样化教育服务。完善资助体系，实现家庭经济困难学生资助全覆盖。

——《中华人民共和国国民经济和社会发展第十三个五年规划纲要》，2016 年 3 月 17 日义务教育阶段主要在德育、历史、地理等相关学科课程以及综合实践活动中安排国家安全教育内容。高中阶段主要以集中军事训练和知识讲座等方式开展国家安全教育。大学阶段要在思想政治理论课及相关专业教学中安排一定学时，加强对高校学生的国家安全教育，有条件的高校可开设与国家安全相关的选修课程。

——《教育部办公厅关于深入开展首个全民国家安全教育日活动的通知》（教思政厅函〔2016〕14号），2016年4月6日

坚持把党务工作作为培养锻炼干部的重要岗位，建立党务干部与业务干部交流机制，注重从业务骨干中选拔优秀

人才充实党务工作队伍。

——《中共教育部党组关于进一步加强直属事业单位党的建设工作的意见》（教党〔2016〕17号），2016年4月12日

对于家庭经济困难儿童，要落实教育资助政策和义务教育阶段"两免一补"政策。对于残疾儿童，要建立随班就读支持保障体系，为其中家庭经济困难的提供包括义务教育、高中阶段教育在内的12年免费教育。对于农业转移人口及其他常住人口随迁子女，要将其义务教育纳入各级政府教育发展规划和财政保障范畴，全面落实在流入地参加升学考试政策和接受中等职业教育免学费政策。支持特殊教育学校、取得办园许

可的残疾儿童康复机构和有条件的儿童福利机构开展学前教育。支持儿童福利机构特教班在做好机构内残疾儿童特殊教育的同时，为社会残疾儿童提供特殊教育。完善义务教育控辍保学工作机制，确保困境儿童入学和不失学，依法完成义务教育。

——《国务院关于加强困境儿童保障工作的意见》（国发〔2016〕36 号），2016 年 6 月 13 日

（推进共建"一带一路"教育行动）* 合作重点

---

* 括号中的文字为编者所加。

（一）开展教育互联互通合作

开展"一带一路"教育法律、政策协同研究，构建沿线各国教育政策信息交流通报机制，为沿线各国政府推进教育政策互通提供决策建议，为沿线各国学校和社会力量开展教育合作交流提供政策咨询。积极签署双边、多边和次区域教育合作框架协议，制定沿线各国教育合作交流国际公约，逐步疏通教育合作交流政策性瓶颈，实现学分互认、学位互授联授，协力推进教育共同体建设。

举办沿线国家校长论坛，推进学校间开展多层次多领域的务实合作。支持高等学校依托学科优势专业，建立产学研用结合的国际合作联合实验室（研究中心）、国际技术转移中心，共同应对经济发展、资源利用、生态保护等沿线各国面临的重大挑战与机遇。

共同开发语言互通开放课程，逐步将沿线国家语言课程纳入各国学校教育课程体系。拓展政府间语言学习交换项目，联合培养、相互培养高层次语言人才。

扩大语言学习国家公派留学人员规模，倡导沿线各国与中国院校合作在华开办本国语言专业。

逐步将理解教育课程、丝路文化遗产保护纳入沿线各国中小学教育课程体系，加强青少年对不同国家文化的理解。

推动学历学位认证标准连通。

（二）开展人才培养培训合作

设立"丝绸之路"中国政府奖学金。

实施"丝绸之路"合作办学推进计划。

加强"丝绸之路"教师交流，推动

沿线各国校长交流访问、教师及管理人员交流研修，推进优质教育模式在沿线各国互学互鉴。

实施"丝绸之路"人才联合培养推进计划。

（三）共建丝路合作机制

实施"丝绸之路"教育援助计划。

开展"丝路金驼金帆"表彰工作。对于在"一带一路"教育合作交流和区域教育共同发展中做出杰出贡献、产生重要影响的国际人士、团队和组织给予表彰。

开展更大范围、更深层次、更高水平的"一带一路"教育民间合作交流，吸纳更多民间智慧、民间力量、民间方案、民间行动。大力培育和发展我国非营利组织，通过购买服务、市场调配等举措，大力支持社会机构和专业组织投身教育对外开放事业，活跃民间教育国际合作交流。

未来 3 年，中国每年面向沿线国家公派留学生 2500 人；未来 5 年，建成 10 个海外科教基地，每年资助 1 万名沿线国家新生来华学习或研修。

——以上见《教育部关于印发〈推进共建"一带一路"教育行动〉的通知》（教外

〔2016〕46 号），2016 年 7 月 13 日

　　全面放开放宽重点群体落户限制。除极少数超大城市外，全面放宽农业转移人口落户条件。以农村学生升学和参军进入城镇的人口、在城镇就业居住 5 年以上和举家迁徙的农业转移人口以及新生代农民工为重点，促进有能力在城镇稳定就业和生活的农业转移人口举家进城落户。省会及以下城市要全面放开对高校毕业生、技术工人、职业院校毕业生、留学归国人员的落户限制。省会及以下城市要探索实行农村籍高校学生来去自由的落户政策，高校录取的农村籍学生可根据本人意愿，将户口迁至高校所在地；毕业后可根据本人意愿，将

户口迁回原籍地或迁入就（创）业地。

保障进城落户农民子女平等享有受教育权利。各地区要确保进城落户农民子女受教育与城镇居民同城同待遇。加快完善全国中小学生学籍信息管理系统，为进城落户居民子女转学升学提供便利。

——以上见《国务院办公厅关于印发推动1亿非户籍人口在城市落户方案的通知》（国办发〔2016〕72号），2016年9月30日

率先对建档立卡贫困家庭学生以及非建档立卡的家庭经济困难残疾学生、农村低保家庭学生、农村特困救助供养学生实施普通高中免除学杂费。

启动职教圆梦行动计划，省级教育行政部门统筹协调国家中等职业教育改革发展示范学校和国家重点中职学校选择就业前景好的专业，针对建档立卡贫困家庭子女单列招生计划。实施中等职业教育协作计划，支持建档立卡贫困家庭初中毕业生到省外经济较发达地区接受中职教育。

专栏　教育扶贫工程

（一）普惠性幼儿园建设。

重点支持中西部 1472 个区（县）农村适龄儿童入园，鼓励普惠性幼儿园发展。

（二）全面改善贫困地区义务教育薄弱学校基本办学条件。

按照"缺什么、补什么"的原则改善义务教育薄弱学校基本办学条件。力争到 2019 年底，使贫困地区所有义务教育学校均达到"20 条底线要求"。以集中连片特困地区县、国家扶贫开发工作重点县、革命老区贫困县等为重点，解决或缓解城镇学校"大班额"和农村寄宿制学校"大通铺"问题，逐步实现未达标城乡义务教育学校校舍、场所标准化。

（三）高中阶段教育普及攻坚计划。

增加中西部贫困地区尤其是集中

连片特困地区高中阶段教育资源，使中西部贫困地区未升入普通高中的初中毕业生基本进入中等职业学校就读。

（四）乡村教师支持计划。

拓展乡村教师补充渠道，扩大特岗计划实施规模，鼓励省级政府建立统筹规划、统一选拔的乡村教师补充机制，推动地方研究制定符合乡村教育实际的招聘办法，鼓励地方根据需求本土化培养"一专多能"乡村教师。到2020年，对全体乡村教师校长进行360学时的培训。

（五）特殊教育发展。

鼓励有条件的特殊教育学校、取得办园许可的残疾儿童康复机构开展学前教育，支持特殊教育学校改善办学条件和建设特教资源中心（教室），为特殊教育学校配备特殊教育教学专用设备设施和仪器等。

（六）农村义务教育学生营养改善计划。

以贫困地区和家庭经济困难学生为重点，通过农村义务教育学生营养改善计划国家试点、地方试点、社会参与等方式，逐步改善农村义务教育学生营养状况。中央财政为纳入营养改善计划国家试点的农村义务教育学生按每生每天 4 元（800 元/年）的标准提供营养膳食补助。鼓励地方开展营养改善计划地方试点，中央财政给予适当奖补。

——以上见《国务院关于印发"十三五"脱贫攻坚规划的通知》（国发〔2016〕64 号），2016 年 11 月 23 日

二、基础教育

从 2016 年起，将义务教育小学和初中起始年级"品德与生活""思想品德"教材名称统一更改为"道德与法治"。

——《教育部办公厅关于 2016 年中小学教学用书有关事项的通知》（教基二厅函〔2016〕12 号），2016 年 4 月 8 日

到 2018 年，中西部地区 75%的县实现义务教育均衡发展；到 2020 年，中西部地区 95%的县实现义务教育均衡发展。

强化中心校对教学点教师配备、课

程安排、业务指导等统筹管理作用。经费投入向教学点倾斜，不足 100 人的教学点按 100 人拨付公用经费。

标准化建设寄宿制学校。加快改扩建新建学生宿舍、食堂，实现"一人一床位"，消除"大通铺"现象，满足室内就餐需求。

各地要制定消除大班额专项规划，到 2018 年基本消除县城和乡（镇）学校超大班额现象，2020 年基本消除大班额现象。

人口 5 万人以上或初中在校生 2000人以上的县，应建设一所高中。人口少于 5 万人且初中在校生较少的县，可将基础较好的初中学校改扩建为完全中学，或与其他县联办、合办普通高中。

推广"9+3"免费教育模式，重点支持集中连片特困地区建档立卡的家庭经济困难初中毕业生，到省内经济发达地区和东西协作对口帮扶省份接受中职教育。

到2020年，中西部地区农村学前三年毛入园率达到70%。

推进乡镇中心园建设，实现每个乡镇至少有一所公办中心幼儿园。合理利用村小学校舍资源，发展村小学附设幼儿园。根据实际需求改善教学点校舍条件，举办附设幼儿班。支持村集体利用公共资源建设幼儿园，人口集中的大村独立建园，小村设分园或联合办园。

各地要制定普惠性民办园认定管理办法，出台普惠性民办园扶持措施，鼓励社会力量办园，增加农村普惠性民办园数量。通过提供合理用地、减免租金等方式，支持农村普惠性民办园建设。通过派驻公办教师、纳入巡回支教范围、支持教师培训、开展教研指导等方式，提升办园水平和保教质量。采取政府购买服务等措施，对收费合理、管理规范的普惠性民办园进行扶持，提高普惠性民办园保障能力。

通过生均财政拨款、专项补助等方式，支持解决好公办园非在编教师、集体办幼儿园教师工资待遇问题，逐步实现同工同酬。对长期在农村幼儿园工作的教师，在职务（职称）评聘等方面给予倾斜。采取"政府组织、中心园实施、志愿服务"模式，开展教师巡回支教，缓解当前师资紧缺状况。

——以上见《国务院办公厅关于加快中西部教育发展的指导意见》（国办发〔2016〕37号），2016年5月11日

将学校网络教学环境和备课环境建设纳入义务教育学校建设标准。

——《教育部关于印发〈教育信息化"十三五"规划〉的通知》（教技〔2016〕2号），2016年6月7日

地方各级食品药品监管部门要依法依规对学生食堂、学生集体用餐配送单位、校园周边小食品商店、小餐饮、家庭托餐等进行许可或备案、登记，将学校校园及周边食品经营者全部纳入监督管理范围，实行监管全覆盖。

——《国务院食品安全办等 6 部门关于进一步加强学校校园及周边食品安全工作的意见》（食安办〔2016〕12 号），2016 年 6 月 16 日

加快推进县域内城乡义务教育学校建设标准统一、教师编制标准统一、生均公用经费基准定额统一、基本装备配置标准统一和"两免一补"政策城乡全覆盖，到 2020 年，城乡二元结构壁垒基

本消除，义务教育与城镇化发展基本协调；城乡学校布局更加合理，大班额基本消除，乡村完全小学、初中或九年一贯制学校、寄宿制学校标准化建设取得显著进展，乡村小规模学校（含教学点）达到相应要求；城乡师资配置基本均衡，乡村教师待遇稳步提高、岗位吸引力大幅增强，乡村教育质量明显提升，教育脱贫任务全面完成。义务教育普及水平进一步巩固提高，九年义务教育巩固率达到95%。县域义务教育均衡发展和城乡基本公共教育服务均等化基本实现。

同步建设城镇学校。各地要按照城镇化规划和常住人口规模编制城镇义务教育学校布局规划，根据学龄人口变化趋势、中小学建设标准，预留足够的义务教育学校用地，纳入城市、镇规划并严格实施，不得随意变更，确保城镇学校建设用地。实行教育用地联审联批制度，新建配套学校建设方案，相关部门应征得同级教育行政部门同意。依法落实城镇新建居住区配套标准化学校建设，老城区改造配套学校建设不足和未达到配建学校标准的小规模居住区，由当地政府统筹新建或改扩建配套学校，确保足够的学位供给，满足学生就近入学需要。地方政府要实施"交钥匙"工程，确保配套学校建设与住宅建设首期项目同步规划、同步建设、同步交付使用。

结合乡村教育实际，定向培养能够承担多门学科教学任务的教师，提高教师思想政治素质和师德水平，加强对学生的思想品德教育和爱国主义教育，在音乐和美术（或艺术）、体育与健康等学科中融入优秀传统艺术和体育项目，在学科教学特别是品德、科学教学中突出实践环节，确保综合实践和校外教育活动常态化。

适当提高寄宿制学校、规模较小学校和北方取暖地区学校公用经费补助水平，切实保障正常运转。

重点提高乡镇寄宿制学校管理服务

水平，通过政府购买服务等方式为乡镇寄宿制学校提供工勤和教学辅助服务。

到 2018 年基本消除 66 人以上超大班额，到 2020 年基本消除 56 人以上大班额。

按照国家规定班额标准，新建和改扩建校园校舍，重点解决城镇大班额问题，加快消除现有大班额。要通过城乡义务教育一体化、实施学区化集团化办学或学校联盟、均衡配置师资等方式，加大对薄弱学校和乡村学校的扶持力度，促进均衡发展，限制班额超标学校招生人数，合理分流学生。县级教育行政部门要建立消除大班额工作台账，对大班额学校实行销号管理，避免产生新的大班额问题。

建立城乡义务教育学校教职工编制统筹配置机制和跨区域调整机制，实行教职工编制城乡、区域统筹和动态管理，盘活编制存量，提高使用效益。

县级教育行政部门在核定的教职工编制总额和岗位总量内，要按照班额、生源等情况，充分考虑乡村小规模学校、寄宿制学校和城镇学校的实际需要，统筹分配各校教职工编制和岗位数量，并向同级机构编制部门、人力资源社会保障部门和财政部门备案。

严禁在有合格教师来源的情况下"有编不补"、长期聘用编外教师，严禁挤占挪用义务教育学校教职工编制和各种形式"吃空饷"。

建立乡村教师荣誉制度，使广大乡村教师有更多的获得感。

落实中小学教师职称评聘结合政策，确保乡村学校教师职称即评即聘。

将村小学和教学点纳入对乡村中心学校考核，加强乡村中心学校对村小学、教学点的指导和管理。

进一步落实县级教育行政部门、乡

镇政府、村（居）委会、学校和适龄儿童父母或其他监护人控辍保学责任，建立控辍保学目标责任制和联控联保机制。县级教育行政部门要依托全国中小学生学籍信息管理系统建立控辍保学动态监测机制，加强对农村、边远、贫困、民族等重点地区，初中等重点学段，以及流动留守儿童、家庭经济贫困儿童等重点群体的监控。义务教育学校要加大对学习困难学生的帮扶力度，落实辍学学生劝返、登记和书面报告制度，劝返无效的，应书面报告县级教育行政部门和乡镇人民政府，相关部门应依法采取措施劝返复学。居民委员会和村民委员会要协助政府做好控辍保学工作。

坚持积极进取、实事求是、稳步推进，适应户籍制度改革要求，建立以居住证为主要依据的随迁子女入学政策。

利用全国中小学生学籍信息管理系统数据，推动"两免一补"资金和生均公用经费基准定额资金随学生流动可携带。

特大城市和随迁子女特别集中的地方，可根据实际制定随迁子女入学的具体办法。

强化家庭监护主体责任，鼓励父母取得居住证的适龄儿童随父母在工作地就近入学，外出务工父母要依法履行监护职责和抚养义务。依法追究父母或其他监护人不履行监护职责的责任，依法处置各种侵害留守儿童合法权益的违法行为。发挥乡镇政府和村委会作用，督促外出务工家长履行监护责任。

——以上见《国务院关于统筹推进县域内城乡义务教育一体化改革发展的若干意见》（国发〔2016〕40号），2016年7月2日

中小学校党组织是党在学校中全部工作和战斗力的基础，发挥政治核心作用，全面负责学校党的思想、组织、作风、反腐倡廉和制度建设，把握学校发展方向，参与决定重大问题并监督实施，支持和保证校长依法行使职权，领

导学校德育和思想政治工作，培育和践行社会主义核心价值观，维护各方合法权益，推动学校健康发展。

有3名以上正式党员的学校，都要单独建立党组织，并按期进行换届。正式党员不足3人的学校或偏远地区的农村学校（教学点），可就近就便与其他学校建立联合党组织，也可挂靠乡镇（街道）、村（社区）党组织。暂时没有党员的学校，要通过调剂或聘任党员教师、选派党建指导员等措施，推动尽快建立党组织。新建学校，应同步谋划党组织组建和党的工作开展。

健全把骨干教师培养成党员、把党

员教师培养成教学管理骨干的"双培养"机制。

——以上见《中共中央组织部　中共教育部党组印发〈关于加强中小学校党的建设工作的意见〉的通知》（中组发〔2016〕17号），2016年6月29日

多数学生家长反对或听证会多数代表反对，学校撤并后学生上下学不便、交通安全得不到保障，并入学校住宿和就餐条件不能满足需要，以及撤并后可能导致超大规模学校或"大班额"问题的，均不得强行撤并现有学校或教学点。

——《教育部办公厅关于农村义务教育

学校布局调整有关问题的通报》（教基一厅〔2016〕5 号），2016 年 10 月 9 日

按地方标准认定的建档立卡家庭普通高中学生免学杂费问题，由地方负责解决。

教育管理部门依法批准的民办性质的中央高校附属普通高中，以及其他已纳入地方统一管理的中央高校附属普通高中，免学杂费政策按照财教〔2016〕292 号文件有关规定执行，财政补助资金由所在地财政、教育部门安排。未纳入地方统一管理的公办性质中央高校附属普通高中学生资助工作，由全国学生资助管理中心统筹组织实施，其建档立卡等四类家庭经济困难学生免除学杂费

资金按现行经费渠道由中央财政安排，因地方扩大免学费政策范围所需资金由地方财政负责解决。

——《教育部办公厅等四部门关于印发〈普通高中建档立卡家庭经济困难学生免除学杂费政策对象的认定及学杂费减免工作暂行办法〉的通知》（教财厅〔2016〕4号），2016年10月18日

各中小学要结合当地实际，把研学旅行纳入学校教育教学计划，与综合实践活动课程统筹考虑，促进研学旅行和学校课程有机融合。

学校根据教育教学计划灵活安排研学旅行时间，一般安排在小学四到六年

级、初中一到二年级、高中一到二年级，尽量错开旅游高峰期。学校根据学段特点和地域特色，逐步建立小学阶段以乡土乡情为主、初中阶段以县情市情为主、高中阶段以省情国情为主的研学旅行活动课程体系。

——以上见《教育部等 11 部门关于推进中小学生研学旅行的意见》（教基一〔2016〕8 号），2016 年 11 月 30 日

三、职业教育与继续教育

通过建立学历与非学历教育并重、产教融合、校企合作、工学结合的农民工继续教育新模式，实施"求学圆梦行动"，提升农民工学历层次和技术技能水平，帮助农民工实现体面劳动和幸福生活，有效服务经济社会发展和产业结构转型升级。

到 2020 年，在有学历提升需求且符合入学条件的农民工中，资助 150 万名农民工接受学历继续教育，使每一位农民工都能得到相应的技术技能培训，能够通过学习免费开放课程提升自身素质与从业能力。

面向具有普通高中或中等职业学校文凭或相当知识水平的农民工，提供专科层次或高起本学历继续教育；面向具有专科或以上学历，且有进一步提升学历层次需求的农民工，提供本科层次的学历继续教育。推进学习成果累计机制建设，激励农民工终身学习，不断提升专业技能和学历层次。每年在全国范围资助30万名农民工接受学历继续教育。

重点面向在建筑、制造、能源、物流、餐饮、物业、家政、养老等行业签订固定劳动合同的农民工开展岗位技能培训；面向需节能减排、产能落后、产能过剩的企业工作的农民工，开展转岗培训、技能提升培训或技能储备培训，提高其就业稳定性及职业迁移能力；面向在外向型企业工作的农民工开展国际投资、商贸合作、国家战略等培训，适应中国企业走出去的战略需求等。

有针对性地开展创新创业培训，提高农民工创新创业意识和能力，推动"大众创业、万众创新"。主要面向具备较高职业技能和发展潜力，具有较强职业发展需求和自主创新意愿的农民工（尤其是企业拔尖技术人才），开展立足岗位的创新培训；面向有创业意愿的农民工开展以创业意识教育、创业项目指导和企业经营管理为主的创业培训；面向有返乡创业意愿的农民工开展针对性技术培训。

面向农民工开展包括社会主义核心价值观、职业生涯规划、基本权益保护、心理健康、安全生产、城市生活常识、疾病防治等的通识性素养培训，帮助农民工更好融入城市生活，推动以人为本的新型城镇化建设。对少数民族农民工开展汉语普通话培训，提高农民工的基本素质和社会责任感、主人翁意识，增强维权意识和自我保护能力，提升幸福生活指数。

充分发挥国家数字化学习资源中心、开放大学、职业院校、成人高校、工会院校及培训机构、大学与企业联盟、在线教育联盟作用，在现有网络资源基础上，通过推荐、遴选、整合等方式，建立网络课程、视频公开课、微课等多种类型的网络资源开放目录，并面向社会公布，扩大优质教育资源覆盖面，助推农民工随时学习、终身学习。

——以上见《教育部 中华全国总工会关于印发〈农民工学历与能力提升行动计划——"求学圆梦行动"实施方案〉的通知》（教职成函〔2016〕2号），2016年3月1日

（中等职业学校办学能力）* 评估内容包括学校基本办学条件、师资队伍、课程与教学、校企合作、学生发展和办学效益等六个方面。

---

　* 括号中的文字为编者所加。

基本办学条件：主要考察学校年生均财政拨款水平，教学仪器设备配置，校舍及信息化教学条件。

师资队伍：主要考察学校教师配备与结构。

课程与教学：主要考察学校校内外实践教学条件，课程开设结构。

校企合作：主要考察学校教师的企业实践时间，企业为学校提供教学设备情况。

学生发展：主要考察学校在校生巩固率，毕业生就业情况，毕业生获取职业资格证书情况及计算机应用能力。

办学效益：主要考察学校专业设置和主干专业与区域产业匹配程度。

——《国务院教育督导委员会办公室关

于印发〈中等职业学校办学能力评估暂行办法〉的通知》（国教督办〔2016〕2 号），2016 年 3 月 14 日

（高等职业院校适应社会需求能力）* 评估内容包括办学基础能力、"双师"队伍建设、专业人才培养、学生发展和社会服务能力等五个方面。

办学基础能力：主要考察学校年生均财政拨款水平，教学仪器设备配置，校舍及信息化教学条件。

"双师"队伍建设：主要考察学校教师结构与"双师型"教师配备。

专业人才培养：主要考察学校的专业人才培养模式，课程体系，校内外实

---

* 括号中的文字为编者所加。

践教学及校企合作情况。

学生发展：主要考察学校毕业生获得职业资格证书情况和就业情况。

社会服务能力：主要考察学校专业设置，向企事业单位提供技术服务和满足政府购买服务情况。

——《国务院教育督导委员会办公室关于印发〈高等职业院校适应社会需求能力评估暂行办法〉的通知》（国教督办〔2016〕3号），2016 年 3 月 14 日

学生经本人申请，职业学校同意，可以自行选择顶岗实习单位。对自行选择顶岗实习单位的学生，实习单位应安排专门人员指导学生实习，学生所在职业学校要安排实习指导教师跟踪了解实

习情况。

认识实习、跟岗实习由职业学校安排，学生不得自行选择。

实习单位应当合理确定顶岗实习学生占在岗人数的比例，顶岗实习学生的人数不超过实习单位在岗职工总数的10%，在具体岗位顶岗实习的学生人数不高于同类岗位在岗职工总数的20%。

任何单位或部门不得干预职业学校正常安排和实施实习计划，不得强制职业学校安排学生到指定单位实习。

学生在实习单位的实习时间根据专业人才培养方案确定，顶岗实习一般为6个月。

学生参加跟岗实习、顶岗实习前，职业学校、实习单位、学生三方应签订实习协议。协议文本由当事方各执一份。

未按规定签订实习协议的，不得安排学生实习。

未满 18 周岁的学生参加跟岗实习、顶岗实习，应取得学生监护人签字的知情同意书。

职业学校和实习单位要依法保障实习学生的基本权利，并不得有下列情形：

（一）安排、接收一年级在校学生

顶岗实习；

（二）安排未满 16 周岁的学生跟岗实习、顶岗实习；

（三）安排未成年学生从事《未成年工特殊保护规定》中禁忌从事的劳动；

（四）安排实习的女学生从事《女职工劳动保护特别规定》中禁忌从事的劳动；

（五）安排学生到酒吧、夜总会、歌厅、洗浴中心等营业性娱乐场所实习；

（六）通过中介机构或有偿代理组织、安排和管理学生实习工作。

接收学生顶岗实习的实习单位，应

参考本单位相同岗位的报酬标准和顶岗实习学生的工作量、工作强度、工作时间等因素，合理确定顶岗实习报酬，原则上不低于本单位相同岗位试用期工资标准的 80%，并按照实习协议约定，以货币形式及时、足额支付给学生。

职业学校和实习单位不得向学生收取实习押金、顶岗实习报酬提成、管理费或者其他形式的实习费用，不得扣押学生的居民身份证，不得要求学生提供担保或者以其他名义收取学生财物。

职业学校组织学生到外地实习，应当安排学生统一住宿；具备条件的实习单位应为实习学生提供统一住宿。职业学校和实习单位要建立实习学生住宿制度和请销假制度。学生申请在统一安排的宿舍以外住宿的，须经学生监护人签字同意，由职业学校备案后方可办理。

——以上见《教育部等五部门关于印发〈职业学校学生实习管理规定〉的通知》（教职成〔2016〕3号），2016年4月11日

四、高等教育

严禁委托中介招生或招揽生源，严禁举办考前辅导班；加强复试考核，坚持德智体全面衡量，加强综合素质尤其是政治素质考核，对于思想政治考核不合格的不予录取。

严格按照教学大纲和教学计划开展教学活动，加强研究生课堂考勤、课程考核、论文开题和学位论文答辩过程的监督检查，建立完备的教学档案和学籍档案；杜绝"培训班"式、"放羊"式的培养方式，杜绝不上课或达不到规定课时而获得学位的现象；严禁降低标准授予学位学历、"花钱买学位"等行为，严肃查处教学评价中的权力寻租和不正之风。

各培养院校要严格执行《国家发展改革委 财政部 教育部关于加强研究生教育学费标准管理及有关问题的通知》（发改价格〔2013〕887号）要求，全日制和非全日制研究生学费标准，须按程序报经省级人民政府批准后执行。学费标准必须在招生简章中注明，并严格执行收费公示制度。

——以上见《教育部关于进一步规范工商管理硕士专业学位研究生教育的意见》（教研〔2016〕2号），2016年3月22日切实提高思想政治理论课专职教师整体素质，有条件的地方和高校可设立思想政治理论课特聘教授岗位，建设专兼结合、结构合理的思想政治理论课教学队伍。

严格思想政治理论课特聘教授准入。制定思想政治理论课特聘教授任职标准，明确工作职责，聘请符合条件的专家学者、党政领导干部和先进人物等担任思想政治理论课特聘教授。

规范思想政治理论课特聘教授管理。通过完善遴选程序、严格聘任要求、开展岗前培训、组织聘期考评、实施动态管理等机制，实现优质教师资源共享。

各地教育工作部门要加强组织领导。要积极推进地方有关部门与高校共建马克思主义学院，共同开展马克思主义理论学习研究宣传教育，为实施特聘教授制度搭建平台。要协调完善思想政治理论课特聘教授的相应政策，建立巡讲机制、加大经费投入，组织开展思想政治理论课特聘教授工作落实情况专项督查。

各高校党委要对实施好思想政治理论课特聘教授制度负总责。校领导要带头讲思想政治理论课。各高校马克思主义学院（思想政治理论课教学科研二级机构）负责具体实施，为特聘教授课程安排、讲课场地、教学设施等提供必要保障。要根据教学计划和安排，组织专职任课教师全程参与、跟班听课，不断提高专职教师的理论水平和业务能力。

——《教育部办公厅关于推进实施高校思想政治理论课特聘教授制度的通知》（教社科厅函〔2016〕15号），2016年3月25日

严禁在自主招生中招收艺术体育类专业或艺术特长生、高水平运动员等类型考生。严禁将参加大学组织的先修课程、夏令营、冬令营等活动作为自主招生的前提条件或者与自主招生考核工作挂钩，影响考核的公平公正。对入校后按照相关规定和程序申请转专业的自主招生学生，应当严格限定在与其学科特长相适应的专业范围。

——《教育部关于进一步加强高校自主招生信息公开和监督管理工作的意见》（教学〔2016〕5 号），2016 年 3 月 28 日

高校应以质量和贡献为导向，进一步深化评价改革，根据本校实际建立完善科学的分类评价考核办法。职务晋升中要大力推进优秀成果和代表作评价制度，年度考核中要考虑科技工作的周期性特征，不得以数量代替质量，不得单纯将论文数量作为年度考核的刚性指标。

——《中共教育部党组关于强化学风建设责任实行通报问责机制的通知》（教党函〔2016〕24 号），2016 年 3 月 31 日

服务期满考核合格的"三支一扶"（支教、支农、支医和扶贫）* 人员，3年内报考硕士研究生的，初试总分加10分，同等条件下优先录取。对于已被录取为研究生的应届高校毕业生参加"三支一扶"计划的，学校应为其保留入学资格。高职（高专）毕业生参加"三支一扶"计划服务期满考核合格的，可免试入读成人高等学历教育专科起点本科。服务期满考核合格且符合相应条件的，可按规定享受相应的学费补偿和助学贷款代偿政策。

——《中共中央组织部 人力资源和社会保障部等九部门关于实施第三轮高校毕业生

---

* 括号中的文字为编者所加。

"三支一扶"计划的通知》（人社部发
〔2016〕41号），2016年4月20日

在没有教育部直属高校的省份，按
"一省一校"原则，重点建设14所高
校，推动管理体制、办学体制、人才培
养模式和保障机制改革。

——《国务院办公厅关于加快中西部教
育发展的指导意见》（国办发〔2016〕37
号），2016年5月11日

高校要加大在科技成果转化、场地
建设、资金投入等方面的帮扶，开辟专
门场地用于学生创新创业。

要在明晰科研成果产权前提下，支持在校学生带着科研成果创业，并提供实验室、实验设备等各类资源。要充分发挥校友等社会资源作用，多渠道为创新创业学生提供资金支持。要积极引导鼓励学生返乡创业，并积极协调有关部门为返乡创业的学生提供土地、资金、技术指导等方面的支持。

对家庭困难毕业生、少数民族毕业生、女性毕业生、农村生源毕业生、残疾毕业生等各类就业困难群体，要建立台账，通过发放求职创业补贴、举办专场招聘活动、开展个性化辅导、推荐岗位信息等多种方式，帮助他们尽快实现就业。

各高校不准以任何方式强迫毕业生签订就业协议或劳动合同，不准将毕业证书、学位证书发放与毕业生签约挂钩，不准以户档托管为由劝说毕业生签订虚假就业协议，不准将毕业生顶岗实习、见习证明材料作为就业证明材料。

——以上见《教育部办公厅关于进一步做好高校毕业生就业创业工作的通知》（教学厅〔2016〕5号），2016年5月27日

经调查，确认被举报人在科学研究及相关活动中有下列行为之一的，应当认定为构成学术不端行为：

（一）剽窃、抄袭、侵占他人学术成果；

（二）篡改他人研究成果；

（三）伪造科研数据、资料、文献、注释，或者捏造事实、编造虚假研究成果；

（四）未参加研究或创作而在研究成果、学术论文上署名，未经他人许可而不当使用他人署名，虚构合作者共同署名，或者多人共同完成研究而在成果中未注明他人工作、贡献；

（五）在申报课题、成果、奖励和职务评审评定、申请学位等过程中提供虚假学术信息；

（六）买卖论文、由他人代写或者为他人代写论文；

（七）其他根据高等学校或者有关学术组织、相关科研管理机构制定的规则，属于学术不端的行为。

——《高等学校预防与处理学术不端行
为办法》（中华人民共和国教育部令第40
号），2016年6月16日

高校对其持有的科技成果，可以自
主决定转让、许可或者作价投资，除涉
及国家秘密、国家安全外，不需要审批
或备案。

高校科技成果转移转化收益全部留
归学校，纳入单位预算，不上缴国库；
在对完成、转化科技成果作出重要贡献
的人员给予奖励和报酬后，主要用于科
学技术研究与成果转化等相关工作。

高校对科技成果的使用、处置在校内实行公示制度，同时明确并公开异议处理程序和办法。涉及国家秘密和国家安全的，按国家相关规定执行。

高校依法对职务科技成果完成人和为成果转化作出重要贡献的其他人员给予奖励时，按照以下规定执行：以技术转让或者许可方式转化职务科技成果的，应当从技术转让或者许可所取得的净收入中提取不低于50%的比例用于奖励；以科技成果作价投资实施转化的，应当从作价投资取得的股份或者出资比例中提取不低于50%的比例用于奖励；在研究开发和科技成果转化中作出主要贡献的人员，获得奖励的份额不低于总额的 50%。

对科技人员承担横向科研项目与承担政府科技计划项目，在业绩考核中同等对待。

科技成果转移转化的奖励和报酬的支出，计入单位当年工资总额，不受单位当年工资总额限制，不纳入单位工资总额基数。

高校科技成果转移转化绩效纳入世界一流大学和一流学科建设考核评价体系。

——以上见《教育部　科技部关于加强高等学校科技成果转移转化工作的若干意见》（教技〔2016〕3 号），2016 年 8 月 3 日全日制研究生是指符合国家研究生招生规定，通过研究生入学考试或者国家承认的其他入学方式，被具有实施研究生教育资格的高等学校或其他高等教育机构录取，在基本修业年限或者学校规定年限内，全脱产在校学习的研究生。

非全日制研究生指符合国家研究生招生规定，通过研究生入学考试或者国家承认的其他入学方式，被具有实施研究生教育资格的高等学校或其他高等教育机构录取，在基本修业年限或者学校规定的修业年限（一般应适当延长基本修业年限）内，在从事其他职业或者社会实践的同时，采取多种方式和灵活时间安排进行非脱产学习的研究生。

2016 年 11 月 30 日前录取的研究生按原有规定执行；2016 年 12 月 1 日后录取的研究生从培养方式上按全日制和非全日制形式区分。

从 2017 年起，教育部会同国家发展改革委按全日制和非全日制两类分别编制和下达全国博士、硕士研究生招生计划。

全日制和非全日制研究生考试招生依据国家统一要求，执行相同的政策和标准。各研究生培养单位的招生简章须明确学习方式、修业年限、收费标准等内容。考生根据国家招生政策和培养单位招生简章自主报考全日制或非全日制研究生。

全日制和非全日制研究生毕业时，所在高等学校或其他高等教育机构根据其修业年限、学业成绩等，按照国家有关规定发给相应的、注明学习方式的毕业证书；其学业水平达到国家规定的学位标准，可以申请授予相应的学位证书。

全日制和非全日制研究生实行相同的考试招生政策和培养标准，其学历学位证书具有同等法律地位和相同效力。

——以上见《教育部办公厅关于统筹全日制和非全日制研究生管理工作的通知》（教研厅〔2016〕2号），2016年9月14日中央高校基本科研业务费（以下简称基本科研业务费）用于支持中央高校开展自主选题研究工作，使用方向包括：重点支持40周岁以下青年教师提升基本科研能力；支持在校优秀学生提升科研创新能力；支持优秀创新团队建设；开展多学科交叉的基础性、支撑性和战略性研究；加强科技基础性工作。

基本科研业务费的使用和管理遵循以下原则：

（一）稳定支持。对中央高校培养优秀科研人才和团队、开展前瞻性自主科研、提升创新能力给予稳定支持，根据使用绩效和中央财力状况适时加大支持力度。

（二）自主安排。中央高校根据自身基本科研需求统筹规划，自主选题、自主立项，按规定编制预算和使用资金。

（三）公开公正。中央高校按照科学民主的原则，通过公开评议、公示等方式遴选项目，确保各环节公正、透明。

（四）严格管理。基本科研业务费纳入中央高校财务统一管理，专款专用，资金的使用范围和标准要符合国家有关规定。建立全过程管理制度，注重绩效，提高资金使用效益。

基本科研业务费支持的项目，原则

上同一负责人同一时期只能牵头负责一个项目，作为团队成员参加者合计不得超过三个项目。

基本科研业务费不得开支有工资性收入的人员工资、奖金、津补贴和福利支出；不得购置40万元以上的大型仪器设备；不得分摊学校公共管理和运行费用；不得作为其他项目的配套资金；不得用于偿还贷款、支付罚款、捐赠、赞助、投资等支出；也不得用于按照国家规定不得列支的其他支出。

——以上见《关于印发〈中央高校基本科研业务费管理办法〉的通知》（财教〔2016〕277号），2016年9月22日高校可以在国家下达的招生计划之外，根据自身办学条件，自主确定招收港澳台学生的数量或比例。

符合报考条件的港澳台学生，通过面向港澳台地区的联合招生考试；或者参加内地（祖国大陆）统一高考、研究生招生考试合格；或者通过香港中学文凭考试、台湾地区学科能力测试等统一考试达到同等高校入学标准；或者通过教育部批准的其他入学方式，经内地（祖国大陆）高校录取，取得入学资格。

对未达到本科录取条件但经过一定阶段培养可以达到入学要求的港澳台学生，高校可以按相关要求招收为预科生。预科生学习满一年经学校考核合格后，可转为本科生。

港澳台学生应与内地（祖国大陆）学生执行统一的毕业标准。

对港澳台学生教学事务应趋同内地（祖国大陆）学生，由高校指定部门归口管理。在保证相同教学质量前提下，高校应根据港澳台学生学力情况和心理、文化特点，开设特色课程，有针对性地组织和开展教学工作。政治课和军训课学分可以其他国情类课程学分替代。

国家为港澳台学生设立专项奖

学金。

——以上见《教育部等六部门关于印发〈普通高等学校招收和培养香港特别行政区、澳门特别行政区及台湾地区学生的规定〉的通知》（教港澳台〔2016〕96号），2016年10月12日

推进实施"蓝火计划"。建立校地产学研合作长效机制。结合国家、地方的产业规划，在重点区域分片建设高校科技成果转化中心；针对行业、产业共性技术问题和社会公益等需求，以博士生工作团、科技特派员、科技镇长团、科技专家企业行、企业专家（院士）工作站等多种形式，与地方、企业、园区等开展产学研对接。

组织实施"海桥计划"。争取建立中美、中英等中外大学技术转移与创新合作对话机制，构建高校国际技术转移协作网络和国际先进产业技术创新合作网络，促进高校开展海外专利布局工作。与地方政府合作，建设国际创新园区，汇聚国际创新资源要素，促进一批跨国技术转移项目落地实现产业化。

完善高校教材管理相关规定，加快推动科技成果以出版专著、编辑教材、讲义等形式尽快转化为教育教学内容，丰富教学手段，革新教学技术，增强教学深度、广度。

以知识产权作价入股等形式引入产

业类资金参与科技成果转化；通过组织成立创业投资基金等方式，吸引天使投资、私募基金、风险投资等社会资本参与高校科技成果转化。

——以上见《教育部办公厅关于印发〈促进高等学校科技成果转移转化行动计划〉的通知》（教技厅函〔2016〕115号），2016年10月13日

各省级教育行政部门要持续组织免费师范毕业生专场招聘活动，确保符合就业条件的免费师范毕业生全部落实任教学校。

2017年5月底前，确保90%的免费师范毕业生通过双向选择落实任教学

校。2017年6月底仍未签约的免费师范毕业生，其档案、户口等迁转至生源所在地省级教育行政部门，由各省级教育行政部门会同有关部门统筹安排到师资紧缺地区的中小学校任教，确保免费师范毕业生离校前全部落实任教学校。

未能履行协议的免费师范毕业生要按规定退还已享受的免费教育费用及违约金，已在职攻读教育硕士专业学位的，由培养学校取消学籍。确有特殊原因不能履行协议的，需报经生源所在地省级教育行政部门批准。

——以上见《教育部办公厅关于做好2017届教育部直属师范大学免费师范毕业生就业工作的通知》（教师厅〔2016〕6号），

2016 年 11 月 17 日

普通本科高校、高等职业学校须在本校已开设的全日制教育本、专科专业范围内设置高等学历继续教育本、专科专业，并可根据社会需求设置专业方向，但专业方向名称不能与高等学历继续教育本、专科专业目录中已有专业名称相同，不能涉及国家控制专业对应的相关行业。

——《教育部关于印发〈高等学历继续教育专业设置管理办法〉的通知》（教职成〔2016〕7 号），2016 年 11 月 18 日

引导高校支持好奇心驱动的基础研究。

引导和鼓励高校积极争取自然科学基金的非共识项目。

建立健全科研人才双向流动机制，试点将企业任职经历作为高校聘任工程类教师的必要条件。

——以上见《教育部关于印发〈高等学校"十三五"科学和技术发展规划〉的通知》（教技〔2016〕5号），2016年11月18日

五、民族教育

"十三五"期间，（内地高校支援新疆）* 协作计划共计招收 4.5 万人，重点培养丝绸之路经济带核心区建设和新疆产业结构调整升级所急需的农牧、能源、纺织、水利、建筑、商贸等行业的专门人才以及南疆农村中小学双语教师。

——《教育部办公厅 国家民委办公厅 新疆维吾尔自治区人民政府办公厅关于印发〈内地高等学校支援新疆第七次协作计划工作部署会议纪要〉的通知》（教民厅〔2016〕2 号），

---

* 括号中的文字为编者所加。

2016 年 3 月 11 日

加强内地西藏班、新疆班管理，不断提高合校混班教学比例，引导学生融入学校、融入集体。提高内地西藏班、新疆班教学水平，合理安排课程和教学计划，配强学科指导教师，加强民族团结教育。完善内地西藏班、新疆班单独招生政策。改进内地西藏、新疆中职班培养模式，帮助毕业生掌握一技之长，具备就业创业能力。

适当扩大内地西藏、新疆中职班规模。

实施万名教师支教计划。组织内地优秀教师到西藏、新疆支教，在每所中学形成稳定的理科教学团队。在对口支援机制下，每期选派 1 万名内地教师赴西藏、新疆任教。每年置换出 1 万名当地理科教师，通过集中培训、专题研修、跟岗学习等方式，提高学科教学能力。到 2020 年，共组织内地 3 万名教师赴西藏、新疆支教，置换出当地 90%以上理科教师脱产培训。

鼓励民族地区高等院校开展高层次岗位培训和继续教育。适度增加高等院校少数民族预科班、民族班招生规模，让更多的少数民族学生有机会到不同类型的高校接受高等教育。鼓励高水平大学统筹安排民族地区生源计划，确保农牧区学生占一定比例，确保人口较少民族学生有更多机会进入高水平大学学习。

实施高层次双千人计划。实施公共管理人才培养计划，由内地高校牵头组织教学，联合当地大专院校，开设公共管理硕士项目，遴选一批当地优秀年轻干部，重点学习法律、经济、科技、行政管理等课程，提升综合素质。从2016年起，用5年时间为西藏、新疆培养1000名左右干部。实施少数民族高端人才培养计划，在民族、宗教、历史、地理、文化等领域，选拔1000名有潜力的优秀中青年学者，通过攻读博士学位、进入博士后流动站、公派出国进修、到国际组织任职等形式，培养一批有学术造诣、有国际视野、有社会影响的少数民族高级专门人才。

——以上见《国务院办公厅关于加快中西部教育发展的指导意见》（国办发〔2016〕37号），2016年5月11日

各有关省份教育行政部门和学校必须高度重视，确保内地班学生人人有籍，转接及时，不能因学籍建立、注册、转接等问题影响学校正常教育教学和学生学习，更不能因此类问题引起炒作，影响社会和谐稳定大局。

内地班举办省份应按照《中小学生学籍管理办法》规定，通过全国学籍系统为内地班学生办理学籍转接手续。要严格遵循"人籍一致，籍随人走"原

则，通过跨省就学或跨省转学方式将学生学籍转到内地班办班学校。

内地班学生回原户籍地参加高考的，内地班办班学校及所在地教育行政部门应积极配合及时将学生学籍转回。

针对内地班普通高中学生实行三年或四年弹性学制（预科一年+高中三年）管理的需要，全国学籍系统开通了预科班设置功能。

实行三年学制的，要将学生学籍直接转入高中一年级就读。实行四年学制的，则应将学生学籍转入预科班进行管理。

——以上见《教育部办公厅关于进一步做好内地西藏班和新疆班学生学籍管理工作的通知》（教基一厅〔2016〕6号），2016年11月2日

"十三五"时期，教育援藏要以提升各级各类教育教学质量、提高教育管理水平为重点，以实施好"组团式"教育人才援藏为示范，采取多种方式提升西藏和四省藏区教师队伍素质。

定期从对口支援省市和教育部直属高校附属中小学选派800名左右教师进藏支教，每10—50名教师组成1个团队集中对口支援西藏一所中小学，"十三五"期间共计援助西藏20所中小学。

每年从西藏选派 400 名骨干教师、中小学校长（园长）到内地学校培训，通过挂职、跟岗、听课、观摩、研讨等方式，学习先进的理念、方法，提升国家通用语言文字应用能力和教育教学管理水平。

继续办好内地西藏班、中职班，适度扩大内地西藏高中班、中职班的招生规模。

加强教育部直属单位对口援藏工作。教育部直属的中国教育科学研究院、职业技术教育中心研究所、科技发展中心、语言文字应用研究所、国家开放大学、中央电化教育馆、中国教育电视台、民族教育发展中心、中国教育报刊社、考试中心、学位与研究生教育发展中心，中国教育出版传媒集团所属的人民教育出版社、高等教育出版社、语文出版社，以及学生体育协会联合秘书处等 15 个单位负责对口支援西藏自治区教育厅所属有关单位以及西藏自治区藏语委办。

——以上见《教育部关于加强"十三五"期间教育对口支援西藏和四省藏区工作的意见》（教民〔2016〕5 号），2016 年 12 月 29 日

六、民办教育

凡有 3 名以上正式党员的民办学校，都要按照党章规定建立党组织，并按期进行换届，党员人数不足 3 名的，可采取联合组建、挂靠组建、派入党员教师单独组建等形式建立党组织。暂不具备建立党组织条件的，要通过选派党建工作指导员、联络员或建立工会、共青团组织等途径开展党的工作，条件成熟时及时建立党组织。批准设立民办学校，要坚持党的建设同步谋划、党的组织同步设置、党的工作同步开展，变更、撤并或注销民办学校，上级党组织应及时对民办学校党组织的变更或撤销作出决定。

理顺民办学校党组织隶属关系。实行主管部门管理与属地管理相结合，以主管部门党组织管理为主，学校所在地党组织要积极配合、主动做好指导和管理工作。民办高校党组织关系一般隶属于省（自治区、直辖市）、市（地、州、盟）党委教育工作部门或教育行政部门党组织。民办中小学校党组织关系一般隶属于县（市、区、旗）党委教育工作部门或教育行政部门党组织。民办培训机构党组织关系一般隶属于县（市、区、旗）教育行政部门，人力资源社会保障部门党组织或社会组织党工委。办学规模大、党员人数多、有一定社会影响的民办中小学校、民办培训机构党组织，也可由市（地、州、盟）党委教育工作部门或教育行政部门、人力资源社会保障部门党组织直接管理。有特殊情况的，党组织隶属关系由党委教育工作部门或教育行政部门、人力资源社会保障部门党组织，商同级党委组织部门确定。

推行向民办高校选派党组织书记。根据实际情况，按照党组织隶属关系，分别由归口管理的党委组织、教育工作部门或教育行政部门党组织具体负责。可从教育行政部门和公办学校在职或退休的党员干部中选派，也可从其他机关和企事业单位熟悉教育工作的党员干部中选派，按党内有关规定任职，一般兼任政府督导专员。派驻党组织书记，全职在民办高校工作，其行政关系不变，报酬待遇由原单位或选派单位负责，除必要工作经费外，不得在学校获取薪酬和其他额外利益。

拓宽民办中小学校党组织书记选配渠道。民办中小学校党组织书记一般从学校管理层中产生，符合条件的董（理）事长、校长，报经上级党组织同意，可担任学校党组织书记。学校内部没有合适人选的，可由上级党组织选派。办学规模大、党员人数多，出资人或校长担任党组织书记的民办中小学校，应配备专职副书记。

抓好党组织书记培训和管理。将民办学校党组织书记培训纳入基层党务干部教育培训总体规划，民办高校党组织书记由省、市级党委组织、教育工作部门负责培训，民办中小学校党组织书记由市、县级党委组织、教育工作部门或教育行政部门负责培训，民办培训机构党组织书记由县级教育行政部门、人力资源社会保障部门或社会组织党工委负责培训。每名党组织书记每年至少参加1次集中培训。

推进党组织班子成员进入学校决策层和管理层。民办学校党组织书记应通过法定程序进入学校董（理）事会，办学规模大、党员人数多的学校，符合条件的专职副书记也可进入董（理）事会。党组织班子成员应按照学校章程进入行政管理层，党员校长、副校长等行政领导班子成员，可按照党内有关规定进入党组织班子。

涉及民办学校发展规划、重要改革、人事安排等重大事项，党组织要参与讨论研究，董（理）事会在作出决定前，要征得党组织同意；涉及党的建设、思想政治工作和德育工作的事项，要由党组织研究决定。建立健全党组织与学校董（理）事会、监事会日常沟通协商制度，以及党组织与行政领导班子联席会议制度；强化党组织对学校重要决策实施的监督，定期组织党员、教职工代表等听取校长工作报告以及学校重大事项情况通报。

要把党建工作情况作为民办学校注册登记、年检年审、评估考核、管理监督的必备条件和必查内容。做好民办学校出资人思想工作，促使他们主动支持党建工作。对不重视不支持党建工作的，要教育引导、督促整改；对办学出现严重问题的，要依法依规扣减招生计划，直至撤销办学资格。

——以上见《中共中央办公厅印发〈关于加强民办学校党的建设工作的意见（试行）〉的通知》（中办发〔2016〕78号），2016年12月29日

经批准正式设立的民办学校，由审批机关发给办学许可证后，依法依规分

类到登记管理机关办理登记证或者营业执照。

正式批准设立的非营利性民办学校，符合《民办非企业单位登记管理暂行条例》等民办非企业单位登记管理有关规定的到民政部门登记为民办非企业单位，符合《事业单位登记管理暂行条例》等事业单位登记管理有关规定的到事业单位登记管理机关登记为事业单位。

实施本科以上层次教育的非营利性民办高等学校，由省级人民政府相关部门办理登记。实施专科以下层次教育的非营利性民办学校，由省级人民政府确定的县级以上人民政府相关部门办理登记。

正式批准设立的营利性民办学校，依据法律法规规定的管辖权限到工商行政管理部门办理登记。

登记管理机关对符合登记条件的民办学校，依法依规予以登记，并核发登记证或者营业执照；对不符合登记条件的，不予登记，并以书面形式向申请人说明理由。

现有民办学校选择登记为非营利性民办学校的，依法修改学校章程，继续办学，履行新的登记手续。

现有民办学校选择登记为营利性民办学校的，应当进行财务清算，经省级以下人民政府有关部门和相关机构依法明确土地、校舍、办学积累等财产的权属并缴纳相关税费，办理新的办学许可证，重新登记，继续办学。

民办学校变更登记类型的办法由省级人民政府根据国家有关规定，结合地方实际制定。

——以上见《教育部等五部门关于印发〈民办学校分类登记实施细则〉的通知》（教发〔2016〕19号），2016年12月30日

社会组织或者个人可以举办营利性民办高等学校和其他高等教育机构、高

中阶段教育学校和幼儿园，不得设立实施义务教育的营利性民办学校。

社会组织或者个人不得以财政性经费、捐赠资产举办或者参与举办营利性民办学校。

批准设立营利性民办学校参照国家同级同类学校设置标准，一般分筹设、正式设立两个阶段。经批准筹设的营利性民办学校，举办者应当自批准筹设之日起3年内提出正式设立申请，3年内未提出正式设立申请的，原筹设批复文件自然废止。

营利性民办学校在筹设期内不得招生。

　　民办学校举办者再申请举办营利性民办学校的，还应当提交其举办或者参与举办的现有民办学校的办学许可证、登记证或者营业执照、组织机构代码证、校园土地使用权证、校舍房屋产权证明复印件，近 2 年年度检查的证明材料，有资质的会计师事务所出具的学校上年度财务会计报告审计结果。

　　有两个以上举办者的，应当提交合作办学协议，明确各举办者的出资数额、出资方式、权利义务，举办者的排序、争议解决办法等内容。出资计入学校注册资本的，应当明确各举办者计入注册资本的出资数额、出资方式、占注册资本的比例。

（申请正式设立营利性民办学校要提交）* 学校党组织负责人及组成人员名单和有效身份证件复印件，教职工党员名单。

设立营利性民办学校，要坚持党的建设同步谋划、党的组织同步设置、党的工作同步开展。

营利性民办学校应当建立董事会、监事（会）、行政机构，同时建立党组织、教职工（代表）大会和工会。

营利性民办学校监事会中教职工代

---

* 括号内文字为编者所加。

表不得少于 1/3，主要履行以下职权：
（一）检查学校财务。（二）监督董事会和行政机构成员履职情况。（三）向教职工（代表）大会报告履职情况。（四）国家法律法规和学校章程规定的其他职权。

一个自然人不得同时在同一所学校的董事会、监事会任职。

营利性民办学校应当切实加强党组织建设，强化党组织政治核心和政治引领作用，在事关学校办学方向、师生重大利益的重要决策中发挥指导、保障和监督作用。推进双向进入、交叉任职，党组织书记应当通过法定程序进入学校董事会和行政机构，党员校长、副校长等行政机构成员可按照党的有关规定进入党组织领导班子。监事会中应当有党组织领导班子成员。营利性民办学校应当加强共青团组织建设，充分发挥教职工（代表）大会和工会的作用。

营利性民办学校执行《中华人民共和国公司法》及有关法律规定的财务会计制度。学校应当独立设置财务管理机构，统一学校财务核算，不得账外核算。

营利性民办学校按学期或者学年收费，收费项目及标准应当向社会公示30天后执行。不得在公示的项目和标准外收取其他费用，不得以任何名义向学生摊派费用或者强行集资。

营利性民办学校收入应当全部纳入学校财务专户，出具税务部门规定的合法票据，由学校财务部门统一核算、统一管理，保障学校的教育教学、学生资助、教职工待遇以及学校的建设和发展。学校应当将党建工作、思想政治工作和群团组织工作经费纳入学校经费预算。

营利性民办学校拥有法人财产权，存续期间，学校所有资产由学校依法管理和使用，任何组织和个人不得侵占、挪用、抽逃。营利性民办学校举办者不得抽逃注册资本，不得用教育教学设施抵押贷款、进行担保，办学结余分配应当在年度财务结算后进行。

营利性民办学校分立、合并、终止及其他重大事项变更，应当由学校董事会通过后报审批机关审批、核准，并依法向工商行政管理部门申请变更、注销登记手续。其中，营利性民办本科高等学校分立、合并、终止、名称变更由教育部审批，其他事项变更由省级人民政府核准。

营利性民办学校分立、合并、终止及其他重大事项变更，应当制定实施方案和应急工作预案，并按隶属关系报学校主管部门备案，保障学校教育教学秩序和师生权益不受影响。

营利性民办学校发生分立、合并、终止等重大事项变更，学校党组织应当及时向上级党组织报告，上级党组织应当及时对学校党组织的变更或者撤销作出决定。

教育、人力资源社会保障行政部门依据《中华人民共和国民办教育促进法》规定的管理权限，对营利性民办学校实施年度检查制度。工商行政管理部门对营利性民办学校实施年度报告公示制度。

教育、人力资源社会保障行政部门依据《中华人民共和国民办教育促进法》规定的管理权限，加强对营利性民办学校办学行为和教育教学质量的监督管理，依法依规开展督导和检查，组织或者委托社会组织定期进行办学水平和教育教学质量评估，并向社会公布评估结果。

地方教育、人力资源社会保障及其他相关部门应当通过实施审计、建立监管平台等措施对营利性民办学校财务资产状况进行监督。

民办学校有下列情形之一的，其举办者不得再举办或者参与举办营利性民办学校：（一）法人财产权未完全落实。（二）民办学校属营利性的，其被列入企业经营异常名录或严重违法失信企业名单。（三）办学条件不达标。（四）近2年有年度检查不合格情况。（五）法律法规规定的其他情形。

——以上见《教育部 人力资源社会保障部 工商总局关于印发〈营利性民办学校监督管理实施细则〉的通知》（教发〔2016〕20号），2016年12月30日

七、教育法治

设立地方教育立法改革试点项目，建立专家咨询和经费支持机制，鼓励各地在终身学习、学前教育、普通高中教育、营利性教育机构监管、校企合作、家庭教育等教育法律规范尚存空白的领域，先行先试，以教育立法推动教育改革，为全国性教育立法积累经验。

各级教育部门要依法进一步明确职能权限与责任，制定并公布权力清单、责任清单。切实按照法定职责必须为、法无授权不可为的原则，依法清理、精简行政权力，重点梳理在行政许可、行政处罚、学校管理等方面的职责。

在重大决策中，全面落实公众参与、专家论证、风险评估、合法性审查和集体讨论决定的程序要求，确保决策制度科学、程序正当、过程公开、责任明确。事关教育发展全局和涉及群众切身利益的重大决策事项，应当广泛听取意见，建立重大教育决策事项的民意调查制度。

加快建立教育综合执法机制，鼓励有条件的地方教育行政部门，调整内部机构设置和人员编制、整合执法力量，设立专门的执法机构、充实执法人员，实现相对集中行使执法权，对学校违规办学、违规招生、不执行国家课程标准、侵犯学生权益以及违背师德规范、违规有偿补课等行为开展综合执法。探索建立联合执法机制，积极会同财政、公安、工商、民政等部门，针对教育经费法定增长不到位、非法办学办班、义务教育学生辍学、教育辅导（服务）市场混乱等现象，按照属地管理原则，开展联合执法。对校园欺凌、性侵犯学生等违法犯罪行为建立"零容忍"机制，加强部门合作，会同政法部门依法严肃查处。

到 2020 年，每所中小学至少有 1 名教师接受 100 学时以上的系统法律知识培训，能够承担法治教育教学任务，协助解决学校相关法律问题。

积极推行并规范法律顾问制度，逐步建立以法治工作机构人员为主体、吸收专家和律师参加的法律顾问队伍，保证县级以上教育行政部门至少有 1 名法律顾问。

——以上见《教育部关于印发〈依法治教实施纲要（2016—2020 年）〉的通知》（教政法〔2016〕1 号），2016 年 1 月 7 日

各校要加强校园欺凌治理的人防、物防和技防建设，充分利用心理咨询室开展学生心理健康咨询和疏导，公布学生救助或校园欺凌治理的电话号码并明确负责人。

——《国务院教育督导委员会办公室关于开展校园欺凌专项治理的通知》（国教督办函〔2016〕22号），2016年4月28日

（青少年法治教育）* 阶段目标

1. 义务教育阶段。使学生初步了解公民的基本权利义务、重要法治理念与原则，初步了解个人成长和参与社会生活必须的基本法律常识；初步树立法治意识，养成规则意识和尊法守法的行为习惯，初步具备依法维护自身权益、参与社会生活的意识和能力，为培育法治观念、树立法治信仰奠定基础。

其中，小学阶段，着重普及宪法常

---

* 括号中的文字为编者所加。

识，养成守法意识和行为习惯，让学生感知生活中的法、身边的法，培育学生的国家观念、规则意识、诚信观念和遵纪守法的行为习惯。初中阶段，使学生初步了解个人成长和参与社会生活必备的基本法律常识，进一步强化守法意识、公民意识、权利与义务相统一观念、程序思维，初步建立宪法法律至上、民主法治等理念，初步具备运用法律知识辨别是非的能力，初步具备依法维护自身合法权益、参与社会生活的能力。

2. 高中教育阶段。使学生较为全面地了解中国特色社会主义法律体系的基本框架、基本制度以及法律常识，强化守法意识，增强法治观念，牢固树立有权利就有义务的观念，初步具备参与法治实践、正确维护自身权利的能力。

3. 高等教育阶段。进一步深化对法治理念、法治原则、重要法律概念的认识与理解，基本掌握公民常用法律知识，基本具备以法治思维和法治方式维护自身权利、参与社会公共事务、化解矛盾纠纷的能力，牢固树立法治观念，认识全面依法治国的重大意义，坚定走中国特色社会主义法治道路的理想和信念。

——《教育部 司法部 全国普法办关于印发〈青少年法治教育大纲〉的通知》（教政法〔2016〕13 号），2016 年 6 月 28 日

教育系统七五普法的主要任务是：

（一）贯彻落实国家七五普法规划任务要求，全面提升教育系统法治观念和法律素养。

（二）切实将法治教育纳入国民教育体系，形成学校、家庭、社会"三位一体"的青少年法治教育格局。

（三）坚持普法与法治实践相结合，不断提高教育系统依法治理水平。

建立向农村边远贫困地区学校和特殊群体学生的专项普法工程。支持法治教育资源向农村边远贫困地区倾斜，推进远程法治教育发展，使农村边远贫困地区的中小学生能接受必要的法治教育。重视加强对留守儿童、随迁子女、不良行为青少年等群体的法治教育和服务支持，更好地维护青少年学生的合法权益，预防和减少违法犯罪行为发生。

——以上见《教育部关于印发〈全国教育系统开展法治宣传教育的第七个五年规划（2016—2020年）〉的通知》（教政法〔2016〕15号），2016年7月21日

通过七五普法规划的实施，到2020年，在各地统筹建成60所左右的国家级实践基地，各地争取在中等以上城市建立至少1所符合标准的实践基地，在县（市、区、旗）因地制宜、结合实际建立相应的实践基地。

实践基地建成后，按照社会化机制独立运营，政府不直接承办。各级教育、司法及各相关部门要将实践基地活动作为开展青少年社会化、实践性法治教育和专题法治教育的重要形式，通过政府购买社会服务等方式，组织学生参加法治教育基地活动，逐步实现每个中小学都能有机会在实践基地中开展法治知识课教学活动，每名中小学生都能参与实践基地的教育活动。

——以上见《教育部等七部门关于加强青少年法治教育实践基地建设的意见》（教政法〔2016〕16 号），2016 年 9 月 1 日

中小学校要制定防治学生欺凌和暴力工作制度，将其纳入学校安全工作统

筹考虑，健全应急处置预案，建立早期预警、事中处理及事后干预等机制。

对发现的欺凌和暴力事件线索和苗头要认真核实、准确研判，对早期发现的轻微欺凌事件，实施必要的教育、惩戒。

要对中小学生欺凌和暴力问题突出的地区和单位，根据《中共中央办公厅 国务院办公厅关于印发〈健全落实社会治安综合治理领导责任制规定〉的通知》要求，通过通报、约谈、挂牌督办、实施一票否决权制等方式进行综治领导责任督导和追究。

各地要建立中小学生欺凌和暴力事件及时报告制度,一旦发现学生遭受欺凌和暴力,学校和家长要及时相互通知,对严重的欺凌和暴力事件,要向上级教育主管部门报告,并迅速联络公安机关介入处置。报告时相关人员有义务保护未成年人合法权益,学校、家长、公安机关及媒体应保护遭受欺凌和暴力学生以及知情学生的身心安全,严格保护学生隐私,防止泄露有关学生个人及其家庭的信息。特别要防止网络传播等因素导致事态蔓延,造成恶劣社会影响,使受害学生再次受到伤害。

对屡教不改、多次实施欺凌和暴力的学生,应登记在案并将其表现记入学生综合素质评价，必要时转入专门学校就读。对构成违法犯罪的学生，根据《刑法》、《治安管理处罚法》、《预防未成年人犯罪法》等法律法规予以处置，区别不同情况，责令家长或者监护人严加管教，必要时可由政府收容教养，或者给予相应的行政、刑事处罚，特别是对犯罪性质和情节恶劣、手段残忍、后果严重的，必须坚决依法惩处。对校外成年人教唆、胁迫、诱骗、利用在校中小学生违法犯罪行为，必须依法从重惩处，有效遏制学生欺凌和暴力等案事件发生。

　　——以上见《教育部等九部门关于防治中小学生欺凌和暴力的指导意见》（教基一〔2016〕6号），2016年11月1日

八、体育卫生艺术

鼓励优秀教练员、退役运动员、社会体育指导员、有体育特长的志愿人员兼任体育教师。实施体育教师全员培训。

科学合理确定体育教师工作量，把组织开展课外活动、学生体质健康测试、课余训练、比赛等纳入教学工作量。

完善校方责任险，探索建立涵盖体育意外伤害的学生综合保险机制。

采取政府购买体育服务等方式，逐步建立社会力量支持学校体育发展的长效机制。

构建课内外相结合、各学段相衔接的学校体育考核评价体系，完善和规范体育运动项目考核和学业水平考试，发挥体育考试的导向作用。体育课程考核要突出过程管理，从学生出勤、课堂表现、健康知识、运动技能、体质健康、课外锻炼、参与活动情况等方面进行全面评价。中小学要把学生参加体育活动情况、学生体质健康状况和运动技能等级纳入初中、高中学业水平考试，纳入学生综合素质评价体系。各地要根据实际，科学确定初中毕业升学体育考试分值或等第要求。实施高考综合改革试点的省（区、市），在高校招生录取时，把学生体育情况作为综合素质评价的重要内容。

对学生体质健康水平持续三年下降的地区和学校，在教育工作评估中实行"一票否决"。

——以上见《国务院办公厅关于强化学校体育促进学生身心健康全面发展的意见》（国办发〔2016〕27号），2016年4月21日

坚持因地制宜，逐步完善，充分利用现有条件，每个中小学足球特色学校均建有1块以上足球场地，有条件的高等院校均建有1块以上标准足球场地，

其他学校创造条件建设适宜的足球场地。

——《关于印发全国足球场地设施建设规划（2016—2020年）的通知》（发改社会〔2016〕987号），2016年5月9日

根据美国职业篮球联盟与教育部签署的中美人文交流框架协议下关于推广青少年篮球的合作备忘录精神，决定从2016年起开展校园篮球推进的试点工作。

试点范围。确定北京、河北、山西、上海、安徽、山东、河南、陕西、四川、云南、贵州等11个省（市）作为校园篮球推进试点地区，每个地区50

个中小学，其中包括 30 所小学、20 所中学，并集中在 1 至 2 个城市。

　　——以上见《教育部办公厅关于校园篮球推进试点工作的通知》（教体艺厅函〔2016〕31 号），2016 年 8 月 11 日

九、招生考试

在教育资源相对均衡的地方，要积极通过单校划片的方式，落实就近入学的要求。在目前教育资源配置不均衡、择校冲动强烈的地方，要根据实际情况，积极稳妥采取多校划片，将热点小学、初中分散至每个片区，确保各片区之间大致均衡。实行多校划片的，应通过随机派位方式分配热点学校招生名额。派位未能进入热点学校的学生，仍应就近安排至其他学校入学。

区（县）教育行政部门要在上级教育行政部门指导统筹下，根据适龄学生人数、学校分布、所在社区、学校规模、交通状况等因素，按照确保公平和就近入学原则依街道、路段、门牌号、村组等，为每所义务教育学校科学划定片区范围。

片区确定后，应在一段时期内保持相对稳定。

对于新建学校或新建居民小区的划片，以及需要对现行片区进行调整或准备实行多校划片的，区（县）级教育行政部门要按照现代治理理念，完善各利益相关方参与的划片和片区调整工作机制，强化划片工作程序和内容的公开、公平、公正，提升划片结果的公信力。

2016 年，各区（县）经省级教育行政部门批准招收特长生的初中所招收的特长生比例，要降到区（县）初中总招生人数的 5% 以内。

——以上见《教育部办公厅关于做好2016 年城市义务教育招生入学工作的通知》（教基一厅〔2016〕1 号），2016 年 1 月 26 日

在每年全国统一高考报名前开展学籍核查和实际就读情况核查。在学期中，采取定期不定期进校进班点名、重点学校抽查等方式，加强对行政区域内高中阶段学校（含普通高中、职业高中、中等专业学校、技工学校等）学生学籍管理、学生实际就读情况等的监督

检查，督促高中阶段学校强化内部管理，规范办学行为。重点发现和纠正人籍分离、空挂学籍、学籍造假的现象，对违规招收的"在册不在校""在校不在籍"的学生，要及时清退。要加强高中学生学籍信息管理和审核，所有入学、转学、退学等必须通过全国中小学生学籍信息管理系统办理，学籍主管部门在高考报名前要全面、准确向招生考试机构提供考生学籍和实际就读情况等信息。要科学合理制定中考报名政策，确保与本省（区、市）进城务工人员随迁子女在当地高考政策和治理"高考移民"措施相衔接、相协调。

要加强跨省户口迁移监管，严格核

查户口迁移事由是否正当合理，对其中拟投靠非直系亲属落户、迁入高中阶段学校集体户以及未满18周岁人员单独迁移等情况，拟迁入地和迁出地公安机关要加强沟通，共同做好核实工作，最大程度防止"高考移民"违规落户问题的发生。

对户口跨省迁移的考生，要重点核查证明材料、家长从业经历、相关证明文件和印章的真伪；对进城务工人员随迁子女考生，要重点审查考生学籍、实际就读情况，结合相关部门材料审查家长稳定就业、稳定住所和社保缴纳等情况。

严禁为学生非正常迁移学籍、空挂学籍、伪造学籍、出具虚假就读证明，严禁虚假一年制中职招生，认真落实"一生一籍、籍随人走、人籍合一"。

——以上见《教育部 公安部关于做好综合治理"高考移民"工作的通知》（教学〔2016〕2号），2016年2月2日

要结合各地实际，采用二代身份证现场报名确认、现场采集照片和指纹或指静脉等生物特征、及时进行信息比对等措施严防替考。

继续实施国家、地方、高校三个定向招生专项计划，国家专项计划从5万人增加到6万人。

落实和完善随迁子女在流入地升学政策。各地要进一步细化和落实政策措施，确保符合条件的进城务工人员及其他非户籍就业人员随迁子女都能在流入地参加高考。各地教育行政部门要会同公安部门加强对"高考移民"的综合治理，严肃查处利用随迁子女政策，通过非正常户口学籍迁移、户籍学籍造假、出具虚假证明材料等手段获取高考资格的"高考移民"行为。

高校要加强对特殊类型招生工作的统一领导和校级统筹，做到统一制订规则、统一组织考试及选聘专家，统一公示合格名单及录取结果。

对依据批次录取的特殊类型招生，要研究制定相应招生类型的"最低录取控制分数线"，原则上不得低于合并批次前的相应要求，防止因批次减少而大幅降低录取标准。

对高校考试、招生工作过程中出现的违规行为，按照《教育法》以及《国家教育考试违规处理办法》（教育部令第 33 号）、《普通高等学校招生违规处理暂行办法》（教育部令第 36 号）有关规定严肃处理，依法追究当事人及相关人员责任。凡存在组织作弊、买卖作弊设备、买卖考题、替考等作弊以及帮助作弊行为，涉嫌犯罪的，移送司法机关，依照《中华人民共和国刑法》（修正案九）等追究法律责任。对公职人员违规违纪的，依据《中国共产党纪律处分条例》《行政机关公务员处分条例》《事业单位工作人员处分暂行规定》相关规定严肃处理。

——以上见《教育部关于做好 2016 年普通高校招生工作的通知》（教学〔2016〕3号），2016 年 2 月 26 日

从 2017 年起，高级管理人员工商管理硕士统一纳入全国硕士研究生考试招生，考生参加工商管理硕士专业学位研究生全国统一入学考试，由教育部划定统一的工商管理硕士专业学位分数线并向社会公布，培养院校按照国家统一招

生政策自主录取；自 2016 年 12 月 1 日起，各培养院校不再自行组织高级管理人员工商管理硕士专业学位研究生招生考试。

严禁在本院校章程规定的办学地点以外开展主要课程教学活动，严禁与教育培训机构联合培养研究生，严禁"先上课后入学"。

未经批准不得私自组团出国（境）开展实践教学活动或延长出国（境）时间，教师和管理人员不得持因私护照出国（境）游学；不得以游学、访学等名义，前往景点观光旅游。

学费等收入必须纳入培养院校财务统一管理、统一核算，实行"收支两条线"，不得坐收坐支。

各培养院校现任领导班子成员，参加属于行政职务职责范围内的活动，不得领取劳务费、津补贴，原则上不承担高级管理人员工商管理硕士课程教学任务。

——以上见《教育部关于进一步规范工商管理硕士专业学位研究生教育的意见》（教研〔2016〕2号），2016年3月22日

国家专项计划定向招收集中连片特殊困难县、国家级扶贫开发重点县以及新疆南疆四地州学生，由中央部门和地

方本科一批招生为主的学校承担，2016年安排招生计划6万名，比2015年增加1万名。

——《教育部关于做好2016年重点高校招收农村和贫困地区学生工作的通知》（教学〔2016〕6号），2016年3月25日

促进高等教育区域和城乡入学机会公平。2016年，支援中西部地区招生协作计划安排21万人，其中本科14万人，由北京、天津、江苏等14个省（市）的公办普通高校承担，面向河南、广西、贵州、甘肃等10个中西部省（区）招生。国家贫困地区定向招生专项计划安排6万人，由中央部门和地方"211工程"学校为主的本科一批招生高校承

担。地方重点高校招收农村学生专项计划由各省（区、市）在本科一批招生的本地省属高校承担，招生计划原则上不少于有关高校本科一批招生规模的 3%。重点高校农村学生单独招生计划由教育部直属高校和其他自主招生试点高校承担，招生计划不低于有关高校年度本科招生规模的 2%。

加大对普通高校生源计划存量安排的宏观引导和调控。为落实国务院关于提高中西部地区和人口大省录取率、缩小录取率最低省份与全国平均水平差距的要求，高等教育资源丰富、2016 年升学压力较小的上海、江苏、浙江、福建等省（市），应在上年常规跨省生源计划和 2016 年协作计划的基础上，进一步增加面向部分中西部省（区）的生源计划。

继续调减成人高校和分校办学点举办普通高等教育的校数和规模，各类成人高校和广播电视大学不得挂靠举办普通高等学历教育。高等学校不得借联合办学的名义，擅自设立各类分校或校外办学点。严禁中等学校举办高等教育、专科层次院校举办本科层次教育。对招生办学行为不规范和办学条件达不到规定要求的学校，主管部门要坚决调减招生规模并限制跨省招生，情况严重的要暂停招生。

任何军事院校不得面向地方招收无军籍学生开展普通或成人高等教育，各地各部门不得向军事院校下达招生计划或在军事院校设立办学点。对军事院校违反规定擅自招收的无军籍学生，教育部将不予以新生学籍电子注册、不发放毕业生就业报到证。

未经教育部批准，高校不得举办任何形式的预科班。普通高等学校举办的少数民族预科班招生计划须报教育部审批，并随国家确定的普通高等学校招生计划一并下达和执行。严格预科生招生计划管理，2016年转入高等教育阶段的预科生，要纳入有关高校2016年招生规模并占用招生计划。

——以上见《教育部 国家发展改革委关于做好 2016 年普通高等教育招生计划编制和管理工作的通知》 （教发〔2016〕7 号），2016 年 4 月 22 日

坚持普职并重，招生规模大体相当，让学生选择适合自己的高中阶段教育。

到 2020 年左右初步形成基于初中学业水平考试成绩、结合综合素质评价的高中阶段学校考试招生录取模式。

已经实行初中毕业、高中招生"两考合一"的地区要统一规范为初中学业水平考试，把《义务教育课程设置实验

方案》所设定的全部科目纳入初中学业水平考试的范围。

改进考试成绩呈现方式，可以采用分数、等级等多种形式呈现，鼓励有条件的地区实行"等级"呈现。

个别没有实行"两考合一"的地区要积极创造条件逐步过渡到初中学业水平考试，实现一考多用，避免多次考试，加重学生备考负担。

根据义务教育的性质、学生年龄特点，结合教育教学实际，细化和完善思想品德、学业水平、身心健康、艺术素养和社会实践五个方面的评价内容和要求，充分反映学生的全面发展情况和个性特长，注重考查学生的日常行为规范养成和突出表现。初中学校和教师要指导学生做好写实记录，整理遴选具有代表性的活动记录和典型事实材料。初中学校要将用于招生使用的活动记录和事实材料进行公示、审核，为每位学生建立综合素质评价档案，提供给高中学校招生使用。

初中学校和教师要充分利用写实记录材料，对学生成长过程进行指导，促进学生发展进步。

从初中学业水平考试科目中选择部分科目作为录取计分科目，除语文、数学、外语科目外，根据文理兼顾、负担适度的原则，确定其他具体科目及数量，防止群体性偏科和加重学生负担。要将体育科目纳入录取计分科目。

有条件的试点地区，在初中学业水平考试各门科目合格的前提下，也可以给予学生一定的自主选择录取计分科目的机会。

试点地区要将综合素质评价作为招生录取的依据或参考。地市级教育行政部门要明确综合素质评价使用的基本要求，高中学校根据学校办学特色制订具体的使用办法，使综合素质评价在招生录取中真正发挥作用，促进学生全面发展。综合改革试点从 2017 年之后入学的初中一年级学生开始实施。试点之外的其他地区，可以继续按照现行的招生录取方式进行招生。

实行优质普通高中和优质中等职业学校招生名额合理分配到区域内初中的办法，招生名额适当向农村初中倾斜，促进义务教育均衡发展。进一步落实和完善进城务工人员随迁子女在当地参加高中阶段学校考试招生的政策措施。

要给予有条件的高中阶段学校一定数量的自主招生名额，招收具有学科特长、创新潜质的学生，推动高中阶段学校多样化有特色发展，满足不同潜质学生的发展需要。

大幅减少、严格控制加分项目，取消体育、艺术等学生加分项目，相关特长和表现等计入学生综合素质评价档案。

——以上见《教育部关于进一步推进高中阶段学校考试招生制度改革的指导意见》（教基二〔2016〕4号），2016年9月18日

十、教师队伍

根据国家制定的乡村教师培训指南，进一步明确置换脱产研修等五类项目定位，实现项目有机衔接，确保对项目区县参训乡村教师进行周期性培训。

重点对网络研修和送教下乡培训进行2—3年的分层递进式设计，持续支持乡村教师发展。

提供贴近乡村学校实际的培训内容。

送教下乡培训突出诊断示范，网络

研修与校本研修整合培训突出技能训练，工作坊研修突出课例研磨，访名校培训突出观摩体验，校园长培训突出行动学习。

——以上见《教育部办公厅 财政部办公厅关于做好 2016 年中小学幼儿园教师国家级培训计划实施工作的通知》（教师厅〔2016〕2 号），2016 年 1 月 12 日

为贯彻落实乡村教师支持计划（2015—2020 年），推动各地变革乡村教师培训模式，提升乡村教师培训实效，在总结各地经验基础上，教育部研究制定了《送教下乡培训指南》《乡村教师网络研修与校本研修整合培训指南》《乡村教师工作坊研修指南》《乡村教师

培训团队置换脱产研修指南》等乡村教师培训指南。

　　——《教育部办公厅关于印发乡村教师培训指南的通知》（教师厅〔2016〕1号），2016年1月13日

　　2016年全国计划招聘特岗教师约7万名。

　　切实加强乡村学校教师补充，优先满足连片特困地区和国家扶贫开发工作重点县村小、教学点的教师补充需求，县城学校不再补充新的特岗教师；进一步优化教师队伍结构，加强体音美、外语、信息技术等紧缺薄弱学科教师的补充；向本地生源倾斜。

——以上见《教育部办公厅 财政部办公厅关于做好 2016 年农村义务教育阶段学校教师特设岗位计划实施工作的通知》（教师厅〔2016〕5 号），2016 年 3 月 21 日

职业学校专业课教师（含实习指导教师）要根据专业特点每 5 年必须累计不少于 6 个月到企业或生产服务一线实践，没有企业工作经历的新任教师应先实践再上岗。公共基础课教师也应定期到企业进行考察、调研和学习。

职业学校要会同企业结合教师专业水平制订企业实践方案，根据教师教学实践和教研科研需要，确定教师企业实践的重点内容，解决教学和科研中的实

际问题。要将组织教师企业实践与学生实习有机结合、有效对接，安排教师有计划、有针对性地进行企业实践，同时协助企业管理、指导学生实习。企业实践结束后，要及时总结，把企业实践收获转化为教学资源，推动教育教学改革与产业转型升级衔接配套。

教师企业实践所需的设施、设备、工具和劳保用品等，由接收企业按在岗职工岗位标准配置。企业因接收教师实践所实际发生的有关合理支出，按现行税收法律规定在计算应纳税所得额时扣除。

经学校批准到企业实践的教师，实

践期间享受学校在岗人员同等的工资福利待遇，培训费、差旅费及相关费用按各地有关规定支付。教师参加企业实践应根据实际需要办理意外伤害保险。

地方各级教育行政部门要会同人力资源社会保障行政部门建立教师企业实践考核和成绩登记制度，把教师企业实践学时（学分）纳入教师考核内容。引导支持有条件的企业对参加实践的教师进行职业技能鉴定，取得相应职业资格证书。

——以上见《教育部等七部门关于印发〈职业学校教师企业实践规定〉的通知》（教师〔2016〕3号），2016年5月11日从 2016 年至 2020 年实施高等学校新入职教师国培示范项目。

每年组织 2000 名中西部高校新入职教师，参加为期 20 天的国家级示范培训，帮助新入职教师树立正确的专业理念，培养良好的师德修养、学术规范与心理素质，掌握基本的教育教学技能，提高教书育人能力，为今后的教师生涯发展奠定良好基础。

每年组织 100 名各省（区、市）高校教师培训管理者和培训者，参加为期 5 天的国家级示范培训，加强省级教育行政部门培训管理者和省级培训机构培训者的培训和工作研讨，引领省级教育行政部门与培训机构探索建立符合本地区实际情况的高校新入职教师培训新模式，改变部分高校新入职教师未接受系统的教育教学技能培训就走上讲台的现状，建立健全与教师资格认定相衔接的高校教师培训机制。

——以上见《教育部办公厅关于启动实施高等学校新入职教师国培示范项目的通知》（教师厅函〔2016〕10号），2016年6月17日

坚持全面考核与突出重点相结合，全面考核教师的师德师风、教育教学、科学研究、社会服务、专业发展等内容，同时针对当前教师队伍发展的突出问题和薄弱环节，进行重点考察和评

价。坚持分类指导与分层次考核评价相结合，根据高校的不同类型或高校中不同类型教师的岗位职责和工作特点，以及教师所处职业生涯的不同阶段，分类分层次分学科设置考核内容和考核方式，健全教师分类管理和评价办法。坚持发展性评价与奖惩性评价相结合，充分发挥发展性评价对于教师专业发展的导向引领作用，合理发挥奖惩性评价的激励约束作用，形成推动教师和学校共同发展的有效机制。

将师德考核摆在教师考核的首位。

推行师德考核负面清单制度，建立教师师德档案。

高校教师有师德禁行行为的，师德考核不合格，并依法依规分别给予相应处分，实行师德"一票否决"。

严把选聘考核思想政治素质关。

在教师招聘过程中，坚持思想政治素质和业务能力双重考察。

将思想政治要求纳入教师聘用合同，并作为教师职称（职务）评聘、岗位聘用和聘期考核的重要内容。

严格教育教学工作量考核。所有教师都必须承担教育教学工作，都负有关爱学生健康成长的重要责任。

把教授为本专科生上课作为基本制度，明确教授、副教授等各类教师承担本专科生课程、研究生公共基础课程的教学课时要求。教师担任班主任、辅导员，解答学生问题，指导学生就业、创新创业、社会实践、各类竞赛以及老中青教师"传帮带"等工作，应计入教育教学工作量，并纳入年度考核内容。

除访学、进修、培训、组织派遣、产假等原因外，教学工作量不能达到学校规定要求或教学质量综合评价不合格的教师，其年度或聘期考核应为不合格。

对在课堂传播违法、有害观点和言论的，依纪依法严肃处理。

完善同行专家评价机制，积极探索建立以"代表性成果"和实际贡献为主要内容的评价方式，将具有创新性和显示度的学术成果作为评价教师科研工作的重要依据。

对从事基础研究的教师主要考察学术贡献、理论水平和学术影响力。对从事应用研究的教师主要考察经济社会效益和实际贡献。对科研团队实行以解决重大科研问题与合作机制为重点的整体性评价。注重个体评价与团队评价的结合。

充分认可教师在政府政策咨询、智库建设、在新闻媒体及网络上发表引领性文章方面的贡献。

增设教师专业发展考评指标。

鼓励青年教师到企事业单位挂职锻炼，到国内外高水平大学、科研院所访学以及在职研修等。职业院校专业课教师每5年到企业顶岗实践不少于6个月。

——以上见《教育部关于深化高校教师考核评价制度改革的指导意见》（教师〔2016〕7号），2016年8月25日支持职业院校设立一批兼职教师特聘岗位，聘请企业高技能人才、工程管理人员、能工巧匠等到学校任教，兼职教师每人每学期任教时间不少于 80 学时。

——《教育部 财政部关于实施职业院校教师素质提高计划（2017—2020 年）的意见》（教师〔2016〕10 号），2016 年 10 月 28 日

省级教育行政部门要依据国家制定的教师专业标准、教师教育课程标准和教师培训课程标准等相关规定，结合本地中小学教育教学实际需要和教师专业发展需求，分层、分类、分科建立教师培训课程体系，合理设置必修课程与选修课程，对不同层次与类型的培训课程

赋予相应学分。

教师参加经县级以上教育行政部门审核确认的教研活动，可纳入培训学分。有条件的地区要推行教师自主选学，支持教师自主选择培训课程、培训机构和参训时间等。

支持高等学校和教师培训机构通过课程衔接、学分互认等方式，建立非学历培训与学历教育的衔接机制，搭建教师专业成长的"立交桥"。

严格落实教师培训学分作为教师资格定期注册必备条件，每个注册有效期内，教师须完成省级教育行政部门规定的培训学分，方能注册合格。将教师培训学分作为教师职称评聘、绩效考核、评优评先的必备条件。将教师培训学分管理纳入学校办学水平评估、校长考评和县级教育督导的指标体系。

——以上见《教育部关于大力推行中小学教师培训学分管理的指导意见》（教师〔2016〕12号），2016年12月13日

十一、教育经费

经济责任审计坚持任中审计与离任审计相结合，对重点单位的领导干部任期内至少审计一次。

——《教育部关于印发〈教育部经济责任审计规定〉的通知》（教财〔2016〕2号），2016年3月24日

义务教育阶段民办学校不得举办、参与或委托举办各种培训班选拔生源，不得使用社会培训机构的测试成绩、排名作为入学、考核的依据，不能以入学为名违规收取任何费用。

全面规范公参民办学校。公办学校参与举办民办学校，不得利用国家财政性经费，不得影响公办学校正常的教育教学活动，并应当经主管部门批准。公办学校参与举办的民办学校应当具有独立的法人资格，具有与公办学校相分离的校园和基本教育教学设施，实行独立的财务会计制度，独立招生，独立颁发学业证书。各地要按照教育部的要求，对公办学校利用国家财政性经费、非闲置性国有资产举办民办学校的行为进行清理规范。逐步规范公办教师到民办学校任教行为。严禁以改革为名乱收费，坚决纠正公办学校变相以民办学校名义收费、"校中校"等违规行为，防止公办学校优质办学资源异化和流失。

——以上见《教育部等四部门关于2016年规范教育收费治理教育乱收费工作的实施意见》（教办〔2016〕4号），2016年5月12日

按照"中央政策引导、地方统筹实施"的原则，从2016年秋季学期起，免除公办普通高中建档立卡等家庭经济困难学生（含非建档立卡的家庭经济困难残疾学生、农村低保家庭学生、农村特困救助供养学生）学杂费。

各省（区、市，下同）免学杂费学生人数由各省根据全国中小学学生学籍信息管理系统和全国扶贫开发信息系统等有关数据确定。西藏、四省藏区和新疆喀什、和田、阿克苏、克孜勒苏柯尔

克孜四地州学生继续执行现行政策。

免学杂费标准按照各省级人民政府及其价格、财政主管部门批准的学费标准执行（不含住宿费）。对在政府教育行政管理部门依法批准的民办普通高中就读的符合免学杂费政策条件的学生，按照当地同类型公办普通高中免除学杂费标准给予补助。民办学校学杂费标准高于补助的部分，学校可以按规定继续向学生收取。

对因免学杂费导致学校收入减少的部分，由财政按照免学杂费学生人数和免学杂费标准补助学校，以保证学校正常运转。免学杂费补助资金由中央与地方按比例分担。其中：西部地区为8：2，中部地区为6：4；东部地区除直辖市外，按照财力状况分省确定。

——以上见《关于免除普通高中建档立卡家庭经济困难学生学杂费的意见》（财教〔2016〕292号），2016年8月30日

十二、其他

扩充特教资源总量。30万人口以上的县，应建好一所特教学校；尚未建立特教学校的县，要以多种形式开发特教资源，为残疾儿童少年提供教育服务。

扩大普通学校随班就读规模，在残疾学生较多的普通中小学和中等职业学校设立特教资源教室，对残疾学生实施特殊教育和康复训练。中西部各省（区、市）应办好一所残疾人中等职业教育学校（部）。

——以上见《国务院办公厅关于加快中

西部教育发展的指导意见》（国办发〔2016〕37号），2016年5月11日

到2020年，社区教育治理体系初步形成，内容形式更加丰富，教育资源融通共享，服务能力显著提高，发展环境更加优化，居民参与率和满意度显著提高，基本形成具有中国特色的社区教育发展模式。建设全国社区教育实验区600个，建成全国社区教育示范区200个，全国开展社区教育的县（市、区）实现全覆盖。

——《教育部等九部门关于进一步推进社区教育发展的意见》（教职成〔2016〕4号），2016年6月28日

强化学校语言文字教育。坚持把学校作为国家通用语言文字推行普及的主阵地和主渠道。将语言文字要求纳入学校、教师、学生管理和教育教学的各个环节，构建适合大中小学生身心发展和道德养成、符合社会主义核心价值观的语言文字教育课程和活动体系。加强语言文字示范校和书写特色校建设。注重幼儿园教育中阅读兴趣的培养，使孩子学会倾听并能用普通话进行基本交流。加强中小学普通话口语、规范汉字书写、阅读写作及语言文字规范标准等方面的教育教学，提高中小学生国家通用语言文字听说读写能力。推动中等职业学校和高等学校科学设置语言文字相关课程，以提高语文鉴赏能力、口语和书面表达能力为重点，全面提高学生语文素养和语言文字应用能力。强调教师表率作用，在教育教学过程中坚持使用普通话，正确使用规范汉字，努力提高传统文化素养和语言文字应用综合能力。

——《教育部 国家语委关于印发〈国家语言文字事业"十三五"发展规划〉的通知》（教语用〔2016〕3号），2016年8月23日

老年人是国家和社会的宝贵财富。老年教育是我国教育事业和老龄事业的重要组成部分。发展老年教育，是积极应对人口老龄化、实现教育现代化、建设学习型社会的重要举措，是满足老年人多样化学习需求、提升老年人生活品质、促进社会和谐的必然要求。

（到 2020 年）* 以各种形式经常性参与教育活动的老年人占老年人口总数的比例达到 20%以上。

优先发展城乡社区老年教育。

促进各级各类学校开展老年教育。

推动老年大学面向社会办学。

到 2020 年，全国县级以上城市原则上至少应有一所老年大学，50%的乡镇（街道）建有老年学校，30%的行政村（居委会）建有老年学习点。

---

* 括号中的文字为编者所加。

老年教育工作要纳入对各级政府相关部门绩效考评内容。各省（区、市）要把老年教育纳入本地区经济社会发展规划和教育事业发展规划。

——以上见《国务院办公厅关于印发老年教育发展规划（2016—2020 年）的通知》（国办发〔2016〕74 号），2016 年 10 月 5 日

附录：2016年重要教育政策文件目录

综合政策

1. 《教育部关于印发〈依法治教实施纲要（2016—2020年）〉的通知》（教政法〔2016〕1号），2016年1月7日

2. 《中共教育部党组关于教育系统深入开展爱国主义教育的实施意见》（教党〔2016〕4号），2016年1月19日

3. 《教育部关于印发〈教育部2016年工作要点〉的通知》（教政法〔2016〕6号），2016年2月4日

4. 《中共教育部党组关于印发〈教

育部直属事业单位领导人员管理暂行办法〉的通知》（教党〔2016〕9号），2016年2月26日

5.《中共教育部党组关于印发〈教育部直属机关开展"两学一做"学习教育的实施方案〉的通知》（教党函〔2016〕12号），2016年3月7日

6.《中共教育部党组关于印发〈中共教育部党组贯彻《中国共产党巡视工作条例》实施办法〉的通知》（教党〔2016〕12号），2016年3月14日

7.《中华人民共和国国民经济和社会发展第十三个五年规划纲要》（十二届全国人大四次会议审议通过），2016年3月16日

8.《中共教育部党组关于印发2016

年党风廉政建设工作要点的通知》（教党〔2016〕13号），2016年3月21日

9.《教育部关于印发〈教育部经济责任审计规定〉的通知》（教财〔2016〕2号），2016年3月24日

10.《中共教育部党组关于强化学风建设责任实行通报问责机制的通知》（教党函〔2016〕24号），2016年3月31日

11.《教育部办公厅关于深入开展首个全民国家安全教育日活动的通知》（教思政厅函〔2016〕14号），2016年4月6日

12.《中共教育部党组关于进一步加强直属事业单位党的建设工作的意见》（教党〔2016〕17号），2016年4月12日

13.《教育部关于公布 2015 年度"长江学者奖励计划"入选名单的通知》（教人函〔2016〕3 号），2016 年 4 月 20 日

14.《中共教育部党组关于深入学习贯彻习近平总书记有关教育工作和青年成长成才重要指示精神开展"五四"系列主题教育活动的通知》（教党〔2016〕19 号），2016 年 4 月 28 日

15.《国务院办公厅关于加快中西部教育发展的指导意见》（国办发〔2016〕37 号），2016 年 5 月 11 日

16.《教育部办公厅关于加强教育部业务主管社会组织行为规范的通知》（教办厅函〔2016〕39 号），2016 年 5 月 17 日

17. 《教育部办公厅关于贯彻落实国务院办公厅 2016 年政务公开工作要点的通知》（教办厅函〔2016〕42 号），2016 年 5 月 18 日

18. 《国务院关于加强困境儿童保障工作的意见》（国发〔2016〕36 号），2016 年 6 月 13 日

19. 《中共教育部党组关于教育系统学习贯彻习近平总书记在庆祝中国共产党成立 95 周年大会上的讲话的通知》（教党〔2016〕35 号），2016 年 7 月 7 日

20. 《中共教育部党组关于印发〈高等学校深化落实中央八项规定精神的若干规定〉的通知》（教党〔2016〕39 号），2016 年 8 月 16 日

21. 《中共教育部党组关于深入学习

宣传以习近平同志为总书记的党中央治国理政新理念新思想新战略的通知》（教党〔2016〕43号），2016年9月2日

22.《教育部办公厅关于优化教育行政审批服务的通知》（教政法厅函〔2016〕39号），2016年9月19日

23.《国务院办公厅关于印发推动1亿非户籍人口在城市落户方案的通知》（国办发〔2016〕72号），2016年9月30日

24.《国务院关于印发"十三五"脱贫攻坚规划的通知》（国发〔2016〕64号），2016年11月23日

基础教育

1.《教育部办公厅关于进一步做好

中小学冬季防寒取暖工作　确保学生安全温暖过冬的通知》（教督厅函〔2016〕1号），2016年1月6日

2.《教育部办公厅关于印发〈普通学校特殊教育资源教室建设指南〉的通知》（教基二厅〔2016〕1号），2016年1月20日

3.《国务院关于加强农村留守儿童关爱保护工作的意见》（国发〔2016〕13号），2016年2月4日

4.《教育部办公厅关于2016年中小学教学用书有关事项的通知》（教基二厅函〔2016〕12号），2016年4月8日

5.《教育部等四部门关于2016年规范教育收费治理教育乱收费工作的实施意见》（教办〔2016〕4号），2016年5

月 12 日

6. 《教育部关于切实做好中小学节粮教育和管理工作的通知》（教基一函〔2016〕4 号），2016 年 5 月 30 日

7. 《教育部办公厅关于进一步规范中小学生学籍管理相关问题处理的通知》（教基一厅〔2016〕2 号），2016 年 6 月 6 日

8. 《国务院食品安全办等 6 部门关于进一步加强学校校园及周边食品安全工作的意见》（食安办〔2016〕12 号），2016 年 6 月 16 日

9. 《中共中央组织部 中共教育部党组印发〈关于加强中小学校党的建设工作的意见〉的通知》（中组发〔2016〕17 号），2016 年 6 月 29 日

10.《国务院关于统筹推进县域内城乡义务教育一体化改革发展的若干意见》（国发〔2016〕40号），2016年7月2日

11.《教育部办公厅关于开展治理中小学有偿补课和教师违规收受礼品礼金问题自查工作的通知》（教师厅函〔2016〕14号），2016年7月13日

12.《教育部关于新形势下进一步做好普通中小学装备工作的意见》（教基一〔2016〕3号），2016年7月13日

13.《教育部办公厅 国家发展改革委办公厅 财政部办公厅关于进一步扩大学生营养改善计划地方试点范围实现国家扶贫开发重点县全覆盖的意见》（教督厅函〔2016〕6号），2016年8月29日

14.《教育部办公厅关于印发〈教育

课程教材改革与质量标准工作专项资金管理办法（试行）〉的通知》（教基二厅〔2016〕2号），2016年9月9日

15.《教育部办公厅关于农村义务教育学校布局调整有关问题的通报》（教基一厅〔2016〕5号），2016年10月9日

16.《教育部关于发布实施〈盲校义务教育课程标准（2016年版）〉〈聋校义务教育课程标准（2016年版）〉〈培智学校义务教育课程标准（2016年版）〉的通知》（教基二〔2016〕5号），2016年11月25日

17.《教育部等11部门关于推进中小学生研学旅行的意见》（教基一〔2016〕8号），2016年11月30日

18.《国务院教育督导委员会办公室

关于印发〈中小学（幼儿园）安全工作专项督导暂行办法〉的通知》（国教督办〔2016〕4号），2016年11月30日

19.《教育部关于贯彻执行〈幼儿园建设标准〉的通知》（教发函〔2016〕231号），2016年12月14日

20.《教育部关于加强普通高中学业水平考试考务管理的意见》（教基二〔2016〕7号），2016年12月27日

职业教育与继续教育

1.《教育部办公厅关于开展中等职业教育质量年度报告工作的通知》（教职成厅函〔2016〕2号），2016年1月12日

2.《教育部关于办好开放大学的意

见》（教职成〔2016〕2号），2016年1月16日

3.《教育部 中华全国总工会关于印发〈农民工学历与能力提升行动计划——"求学圆梦行动"实施方案〉的通知》（教职成函〔2016〕2号），2016年3月1日

4.《国务院教育督导委员会办公室关于印发〈中等职业学校办学能力评估暂行办法〉的通知》（国教督办〔2016〕2号），2016年3月14日

5.《国务院教育督导委员会办公室关于印发〈高等职业院校适应社会需求能力评估暂行办法〉的通知》（国教督办〔2016〕3号），2016年3月14日

6.《教育部办公厅关于开展中等职

业学校学生学籍管理和资助工作专项治理的紧急通知》（教职成厅函〔2016〕15号），2016年3月17日

7. 《教育部等五部门关于印发〈职业学校学生实习管理规定〉的通知》（教职成〔2016〕3号），2016年4月11日

8. 《教育部等九部门关于进一步推进社区教育发展的意见》（教职成〔2016〕4号），2016年6月28日

9. 《教育部办公厅关于公布首批〈职业学校专业（类）顶岗实习标准〉目录的通知》（教职成厅函〔2016〕29号），2016年7月8日

10. 《教育部关于发布〈中等职业学校风电场机电设备运行与维护专业仪器设备装备规范〉等四项教育行业标准的

通知》（教职成函〔2016〕13号），2016年7月18日

11. 《教育部办公厅关于开展学习签署践行〈中等职业学校学生公约〉活动的通知》（教职成厅〔2016〕2号），2016年9月1日

12. 《教育部办公厅关于印发〈职业教育专业教学资源库建设资金管理办法〉的通知》（教财厅函〔2016〕28号），2016年9月13日

13. 《国务院办公厅关于印发老年教育发展规划（2016—2020年）的通知》（国办发〔2016〕74号），2016年10月5日

14. 《教育部 财政部关于实施职业院校教师素质提高计划（2017—2020年）

的意见》（教师〔2016〕10 号），2016 年
10 月 28 日

高等教育

1.《中共教育部党组关于做好高等
学校"学党章党规、学系列讲话，做合
格党员"学习教育有关工作的通知》（教
党〔2016〕11 号），2016 年 3 月 8 日

2.《教育部关于举办第二届中国
"互联网+"大学生创新创业大赛的通知》
（教高函〔2016〕4 号），2016 年 3 月
10 日

3.《国务院学位委员会关于下达
2014 年学位授权点专项评估结果及处理
意见的通知》（学位〔2016〕5 号），
2016 年 3 月 16 日

4. 《教育部办公厅关于做好全国普通高校未就业毕业生统计服务工作的通知》（教学厅函〔2016〕13 号），2016 年 3 月 17 日

5. 《教育部办公厅关于开展全国普通高校毕业生精准就业服务工作的通知》（教学厅函〔2016〕14 号），2016 年 3 月 17 日

6. 《教育部关于进一步规范工商管理硕士专业学位研究生教育的意见》（教研〔2016〕2 号），2016 年 3 月 22 日

7. 《中共教育部党组关于直属高校开展科研管理中权力寻租问题专项治理工作的通知》（教党函〔2016〕20 号），2016 年 3 月 24 日

8. 《教育部办公厅关于推进实施高

校思想政治理论课特聘教授制度的通知》（教社科厅函〔2016〕15 号），2016 年 3 月 25 日

9.《教育部办公厅关于在高校开展学习宣传贯彻 2016 年〈政府工作报告〉精神的通知》（教思政厅函〔2016〕13 号），2016 年 3 月 30 日

10.《中共教育部党组关于直属高校进一步贯彻落实党委领导下的校长负责制等若干事项的通知》（教党函〔2016〕25 号），2016 年 3 月 31 日

11.《教育部办公厅 国家卫生计生委办公厅 国家中医药管理局办公室关于加强医教协同做好临床医学硕士专业学位研究生培养与住院医师规范化培训衔接工作的通知》（教研厅〔2016〕1 号），

2016 年 4 月 1 日

12. 《中共中央组织部 人力资源社会保障部等九部门关于实施第三轮高校毕业生"三支一扶"计划的通知》(人社部发〔2016〕4l 号),2016 年 4 月 20 日

13. 《教育部等七部门关于加强集成电路人才培养的意见》(教高〔2016〕1 号),2016 年 4 月 21 日

14. 《教育部办公厅关于做好 2016 年中央财政支持中西部农村订单定向免费本科医学生招生培养工作的通知》(教高厅〔2016〕1 号),2016 年 5 月 9 日

15. 《教育部办公厅关于进一步做好高校毕业生就业创业工作的通知》(教学厅〔2016〕5 号),2016 年 5 月 27 日

16. 《教育部关于中央部门所属高校深化教育教学改革的指导意见》（教高〔2016〕2号），2016年6月13日

17. 《高等学校预防与处理学术不端行为办法》（中华人民共和国教育部令第40号），2016年6月16日

18. 《教育部办公厅关于学习宣传和贯彻实施〈高等学校预防与处理学术不端行为办法〉的通知》（教政法厅函〔2016〕35号），2016年7月25日

19. 《教育部关于印发〈高等学校思想政治理论课教学指导委员会章程〉的通知》（教社科函〔2016〕17号），2016年7月29日

20. 《教育部 科技部关于加强高等学校科技成果转移转化工作的若干意见》

（教技〔2016〕3 号），2016 年 8 月 3 日

21.《教育部办公厅 国务院国资委办公厅关于举办全国大中型企业面向2017 届高校毕业生网上双选月活动的通知》（教学厅函〔2016〕45 号），2016 年8 月 16 日

22.《教育部办公厅关于培育建设第二批"全国高校实践育人创新创业基地"的通知》（教思政厅函〔2016〕31 号），2016 年 9 月 9 日

23.《教育部办公厅关于统筹全日制和非全日制研究生管理工作的通知》（教研厅〔2016〕2 号），2016 年 9 月 14 日

24.《关于印发〈中央高校基本科研业务费管理办法〉的通知》（财教〔2016〕277 号），2016 年 9 月 22 日

25. 《教育部等六部门关于印发〈普通高等学校招收和培养香港特别行政区、澳门特别行政区及台湾地区学生的规定〉的通知》（教港澳台〔2016〕96 号），2016 年 10 月 12 日

26. 《教育部办公厅关于印发〈促进高等学校科技成果转移转化行动计划〉的通知》（教技厅函〔2016〕115 号），2016 年 10 月 13 日

27. 《教育部办公厅关于深入落实高校信息公开清单做好高校信息公开年度报告工作的通知》（教办厅函〔2016〕74 号），2016 年 10 月 14 日

28. 《教育部 国家外国专家局关于印发〈高等学校学科创新引智计划实施与管理办法〉的通知》（教技〔2016〕4

号），2016 年 11 月 3 日

29.《教育部办公厅关于做好 2017 届教育部直属师范大学免费师范毕业生就业工作的通知》（教师厅〔2016〕6 号），2016 年 11 月 17 日

30.《教育部关于印发〈高等学历继续教育专业设置管理办法〉的通知》（教职成〔2016〕7 号），2016 年 11 月 18 日

31.《教育部关于印发〈高等学校"十三五"科学和技术发展规划〉的通知》（教技〔2016〕5 号），2016 年 11 月 18 日

民族教育

1.《教育部办公厅关于编制 2016 年全国普通高等学校招收少数民族预科、

民族班、非西藏生源定向西藏就业、内地西藏班和新疆高中班毕业生招生计划的通知》（教民厅〔2016〕1号），2016年3月6日

2.《教育部办公厅 国家民委办公厅 新疆维吾尔自治区人民政府办公厅关于印发〈内地高等学校支援新疆第七次协作计划工作部署会议纪要〉的通知》（教民厅〔2016〕2号），2016年3月11日

3.《教育部办公厅 国家民委办公厅关于开展加快发展民族教育督察工作的通知》（教民厅函〔2016〕13号），2016年4月21日

4.《教育部办公厅关于召开边远、民族地区教育信息化推进工作现场会的

通知》（教技厅函〔2016〕108号），2016年8月25日

5.《教育部办公厅关于下达2017年少数民族高层次骨干人才研究生招生计划的通知》（教民厅〔2016〕8号），2016年9月29日

6.《教育部办公厅关于进一步做好内地西藏班和新疆班学生学籍管理工作的通知》（教基一厅〔2016〕6号），2016年11月2日

7.《教育部办公厅关于印发〈国家级实验教学示范中心管理办法〉的通知》（教高厅〔2016〕3号），2016年12月3日

8.《教育部关于加强"十三五"期间教育对口支援西藏和四省藏区工作的

意见》（教民〔2016〕5 号），2016 年 12 月 29 日

民办教育

1.《中共中央办公厅印发〈关于加强民办学校党的建设工作的意见（试行）〉的通知》（中办发〔2016〕78 号），2016 年 12 月 29 日

2.《教育部等五部门关于印发〈民办学校分类登记实施细则〉的通知》（教发〔2016〕19 号），2016 年 12 月 30 日

3.《教育部 人力资源社会保障部 工商总局关于印发〈营利性民办学校监督管理实施细则〉的通知》（教发〔2016〕20 号），2016 年 12 月 30 日

教育法治

1. 《教育部关于学习宣传贯彻实施新修订的教育法和高等教育法的通知》（教政法〔2016〕7号），2016年2月23日

2. 《教育部办公厅关于落实国务院决定取消中央指定地方实施行政审批事项的通知》（教政法厅〔2016〕1号），2016年3月4日

3. 《教育部办公厅 中国银监会办公厅关于加强校园不良网络借贷风险防范和教育引导工作的通知》（教思政厅函〔2016〕15号），2016年4月13日

4. 《国务院教育督导委员会办公室关于开展校园欺凌专项治理的通知》（国教督办函〔2016〕22号），2016年4月28日

5.《教育部 司法部 全国普法办关于印发〈青少年法治教育大纲〉的通知》（教政法〔2016〕13号），2016年6月28日

6.《教育部关于印发〈全国教育系统开展法治宣传教育的第七个五年规划（2016—2020年）〉的通知》（教政法〔2016〕15号），2016年7月21日

7.《教育部等七部门关于加强青少年法治教育实践基地建设的意见》（教政法〔2016〕16号），2016年9月1日

8.《教育部办公厅关于举办全国学生"学宪法讲宪法"活动的通知》（教政法厅函〔2016〕40号），2016年9月22日

9.《教育部等九部门关于防治中小

学生欺凌和暴力的指导意见》（教基一〔2016〕6号），2016年11月1日

体育卫生艺术

1.《教育部办公厅关于做好2016年全国青少年校园足球特色学校及试点县（区）遴选工作的通知》（教体艺厅函〔2016〕2号），2016年3月7日

2.《教育部办公厅 文化部办公厅 财政部办公厅关于开展2016年高雅艺术进校园活动的通知》（教体艺厅〔2016〕2号），2016年3月18日

3.《国务院办公厅关于强化学校体育促进学生身心健康全面发展的意见》（国办发〔2016〕27号），2016年4月21日

4. 《教育部关于发布〈小学音乐教学器材配备标准〉等四个教育行业标准的通知》（教体艺〔2016〕2号），2016年5月3日

5. 《关于印发全国足球场地设施建设规划（2016—2020年）的通知》（发改社会〔2016〕987号），2016年5月9日

6. 《教育部办公厅关于组织2016年军事课骨干教师巡回授课的通知》（教体艺厅函〔2016〕17号），2016年6月7日

7. 《国务院关于印发全民健身计划（2016—2020年）的通知》（国发〔2016〕37号），2016年6月15日

8. 《教育部办公厅关于印发〈全国青少年校园足球教学指南（试行）〉和

〈学生足球运动技能等级评定标准（试行）〉的通知》（教体艺厅〔2016〕4号），2016年6月27日

9.《教育部办公厅关于校园篮球推进试点工作的通知》（教体艺厅函〔2016〕31号），2016年8月11日

10.《教育部关于发布〈小学体育器材设施配备标准〉〈初中体育器材设施配备标准〉的通知》（教体艺〔2016〕4号），2016年7月25日

11.《教育部等14部门关于印发遏制细菌耐药国家行动计划（2016—2020年）的通知》（国卫医发〔2016〕43号），2016年8月5日

招生考试

1. 《教育部关于做好普通高职（专科）招生计划管理工作的通知》（教发〔2016〕2号），2016年1月22日

2. 《教育部办公厅关于做好2016年城市义务教育招生入学工作的通知》（教基一厅〔2016〕1号），2016年1月26日

3. 《教育部 公安部关于做好综合治理"高考移民"工作的通知》（教学〔2016〕2号），2016年2月2日

4. 《教育部关于做好2016年普通高校招生工作的通知》（教学〔2016〕3号），2016年2月26日

5. 《教育部办公厅关于做好2016年全国硕士研究生招生录取工作的通

知》（教学厅〔2016〕1 号），2016 年 3 月 10 日

6.《教育部办公厅关于开展扩大省级政府硕士生计划管理统筹权改革试点工作的通知》（教发厅〔2016〕2 号），2016 年 3 月 21 日

7.《教育部关于进一步规范工商管理硕士专业学位研究生教育的意见》（教研〔2016〕2 号），2016 年 3 月 22 日

8.《教育部办公厅关于做好 2016 年招收攻读博士学位研究生工作的通知》（教学厅函〔2016〕17 号），2016 年 3 月 24 日

9.《教育部关于印发〈2016 年普通高等学校招生全国统一考试考务工作规

定〉的通知》（教学〔2016〕4 号），
2016 年 3 月 25 日

10.《教育部关于做好 2016 年重点
高校招收农村和贫困地区学生工作的通
知》（教学〔2016〕6 号），2016 年 3 月
25 日

11.《教育部关于进一步规范高等
教育招生计划管理工作的意见》（教发
〔2016〕5 号），2016 年 3 月 27 日

12.《教育部关于进一步加强高校
自主招生信息公开和监督管理工作的意
见》（教学〔2016〕5 号），2016 年 3 月
28 日

13.《教育部办公厅 人力资源社会
保障部办公厅关于做好 2016 年高中阶段
学校招生工作的通知》（教职成厅

〔2016〕1 号），2016 年 4 月 21 日

14.《教育部 国家发展改革委关于做好 2016 年普通高等教育招生计划编制和管理工作的通知》（教发〔2016〕7 号），2016 年 4 月 22 日

15.《教育部办公厅关于做好 2016 年全国普通高校招生录取工作的通知》（教学厅〔2016〕6 号），2016 年 6 月 28 日

16.《教育部关于做好 2016 年全国成人高校考试招生工作的通知》（教学〔2016〕7 号），2016 年 8 月 22 日

17.《教育部关于进一步推进高中阶段学校考试招生制度改革的指导意见》（教基二〔2016〕4 号），2016 年 9 月 18 日

教师队伍

1.《教育部办公厅 财政部办公厅关于做好 2016 年中小学幼儿园教师国家级培训计划实施工作的通知》（教师厅〔2016〕2 号），2016 年 1 月 12 日

2.《教育部办公厅关于印发乡村教师培训指南的通知》（教师厅〔2016〕1 号），2016 年 1 月 13 日

3.《教育部办公厅关于 2015 年连片特困地区乡村教师生活补助实施情况的通报》（教师厅〔2016〕4 号），2016 年 3 月 7 日

4.《教育部关于加强师范生教育实践的意见》（教师〔2016〕2 号），2016 年 3 月 17 日

5. 《教育部办公厅 财政部办公厅关于做好2016年农村义务教育阶段学校教师特设岗位计划实施工作的通知》（教师厅〔2016〕5号），2016年3月21日

6. 《教育部办公厅关于做好2016年"三区"人才支持计划教师专项计划有关实施工作的通知》（教师厅函〔2016〕2号），2016年4月7日

7. 《教育部 人力资源社会保障部关于做好乡村学校从教30年教师荣誉证书颁发工作的通知》（教师函〔2016〕4号），2016年4月12日

8. 《教育部等七部门关于印发〈职业学校教师企业实践规定〉的通知》（教师〔2016〕3号），2016年5月

11 日

9.《教育部办公厅关于启动实施高等学校新入职教师国培示范项目的通知》(教师厅函〔2016〕10 号),2016年 6 月 17 日

10.《教育部关于深化高校教师考核评价制度改革的指导意见》(教师〔2016〕7 号),2016 年 8 月 25 日

11.《教育部办公厅关于组织 2016年高校思想政治理论课骨干教师研修的通知》(教社科厅函〔2016〕32 号),2016 年 9 月 23 日

12.《教育部关于大力推行中小学教师培训学分管理的指导意见》(教师〔2016〕12 号),2016 年 12 月 13 日

教育经费

1. 《教育部等四部门关于 2016 年规范教育收费治理教育乱收费工作的实施意见》（教办〔2016〕4 号），2016 年 5 月 12 日

2. 《教育部办公厅关于印发〈教育部科学事业费重大项目立项和实施管理办法〉的通知》（教技厅函〔2016〕91 号），2016 年 7 月 19 日

3. 《关于免除普通高中建档立卡家庭经济困难学生学杂费的意见》（财教〔2016〕292 号），2016 年 8 月 30 日

4. 《教育部办公厅关于印发〈职业教育专业教学资源库建设资金管理办法〉的通知》（教财厅函〔2016〕28 号），2016 年 9 月 13 日

5. 《教育部 国家统计局 财政部关于加强和完善教育经费统计工作的意见》（教财〔2016〕6号），2016年9月14日

6. 《教育部办公厅关于开展校园网贷风险防范集中专项教育工作的通知》（教思政厅〔2016〕3号），2016年9月26日

7. 《教育部办公厅等四部门关于印发〈普通高中建档立卡家庭经济困难学生免除学杂费政策对象的认定及学杂费减免工作暂行办法〉的通知》（教财厅〔2016〕4号），2016年10月18日

8. 《教育部等六部门关于印发〈教育脱贫攻坚"十三五"规划〉的通知》（教发〔2016〕18号），2016年12月16日

教育督导

1.《中共教育部党组 中央纪委驻教育部纪检组关于高等学校践行监督执纪四种形态的指导意见》（教党〔2016〕21号），2016年5月13日

2.《教育部关于印发〈督学管理暂行办法〉的通知》（教督〔2016〕2号），2016年7月29日

语言文字

1.《教育部 国家语委关于发布〈汉字应用水平等级及测试大纲（2016年修订）〉的通知》（教语信〔2016〕1号），2016年1月7日

2.《教育部办公厅关于推进中国语

言资源保护工程建设的通知》（教语信厅〔2016〕1号），2016年2月19日

3.《教育部办公厅关于印发〈中国语言资源保护工程专项资金管理办法（试行）〉的通知》（教语信厅〔2016〕2号），2016年2月19日

4.《教育部办公厅 国家民委办公厅关于推进中国语言资源保护工程少数民族语言调查的通知》（教语信厅函〔2016〕2号），2016年5月23日

5.《教育部 国家语委关于印发〈国家语言文字事业"十三五"发展规划〉的通知》（教语用〔2016〕3号），2016年8月23日

6.《教育部办公厅关于召开中国语言资源保护工程现场推进会的通知》

（教语信厅函〔2016〕4 号），2016 年 9
月 14 日

教育信息化

1. 《教育部办公厅关于印发〈2016
年教育信息化工作要点〉的通知》（教
技厅〔2016〕1 号），2016 年 2 月 2 日

2. 《教育部办公厅关于进一步做好
"全国教育信息化工作进展信息系统"
全面应用工作的通知》（教技厅函
〔2016〕17 号），2016 年 2 月 5 日

3. 《关于印发〈国家网络安全宣传
周活动方案〉的通知》（中网办发文
〔2016〕2 号），2016 年 3 月 17 日

4. 《教育部办公厅关于印发〈教育
信息化项目管理暂行办法〉的通知》

（教技厅函〔2016〕37号），2016年3月22日

5.《关于加强网络安全学科建设和人才培养的意见》（中网办发文〔2016〕4号），2016年6月6日

6.《教育部关于印发〈教育信息化"十三五"规划〉的通知》（教技〔2016〕2号），2016年6月7日

7.《国务院关于加快推进"互联网+政务服务"工作的指导意见》（国发〔2016〕55号），2016年9月25日

国际交流

1.《教育部关于印发〈国际合作联合实验室立项建设与验收标准〉的通知》（教技函〔2016〕34号），2016年

7月12日

2.《教育部关于印发〈推进共建"一带一路"教育行动〉的通知》（教外〔2016〕46号），2016年7月13日

后　记

　　本书的编写组织机构及人员如下。主编：吴霓；编写人员（按姓氏笔画排序）：马雷军、王学男、朱富言、李东、李楠、吴霓、宋燕、张叶青、罗媛、郑庆贤、郑豪杰、高慧斌、黄颖、彭妮娅、蒋志峰。中国教育科学研究院院长田慧生研究员、党委副书记兼纪委书记史习琳同志审定了全书，吴霓和彭妮娅最后进行了统稿。在此一并致谢。

本书编写组

2017 年 3 月

出 版 人　李　东
责任编辑　张叶青
版式设计　沈晓萌
责任校对　贾静芳
责任印制　叶小峰

图书在版编目（CIP）数据

重大教育政策要点 . 2016／中国教育科学研究院编
. — 北京：教育科学出版社，2017. 7
　ISBN 978-7-5191-1154-0

　Ⅰ.①重…　Ⅱ.①中…　Ⅲ.①教育政策
—中国—2016　Ⅳ.①G520

中国版本图书馆 CIP 数据核字（2017）第 151579 号

重大教育政策要点 2016

ZHONGDA JIAOYU ZHENGCE YAODIAN 2016

出版发行	教育科学出版社			
社　　址	北京·朝阳区安慧北里安园甲 9 号	**市场部电话**	010-64989009	
邮　　编	100101	**编辑部电话**	010-64989011	
传　　真	010-64891796	**网　　址**	http://www.esph.com.cn	
经　　销	各地新华书店			
制　　作	北京金奥都图文制作中心			
印　　刷	保定市中画美凯印刷有限公司	**版　　次**	2017 年 7 月第 1 版	
开　　本	115 毫米×185 毫米　32 开	**印　　次**	2017 年 7 月第 1 次印刷	
印　　张	7.375	**印　　数**	1—1 000 册	
字　　数	61 千	**定　　价**	20.00 元	

如有印装质量问题，请到所购图书销售部门联系调换。